Wilhelm Busch, geboren am 15. 4. 1832 in Wiedensahl (Hannover), ist am 9. 1. 1908 in Mechtshausen (Harz) gestorben.
Im Jahre 1874 ließ der 42jährige Wilhelm Busch, damals schon jedem bekannt als der Verfasser gereimter, teilweise hintergründig lustiger, teilweise polemischer Bildergeschichten, im Verlag seines Freundes Otto Bassermann ein kleines Bändchen Gedichte erscheinen. Es trug den Titel *Kritik des Herzens*. Damit war, um was es ihm ging, mit anspruchsloser Beiläufigkeit umschrieben. Es wurde auch nicht überhört: Busch sah sich massiven Anfeindungen ausgesetzt und wartete vergeblich auf ein freundliches Echo.
Nicht anders erging es ihm mit einem Gedichtband, den er dreißig Jahre später herausgab *Zu guter Letzt*. Unschwer zu sehen, was mit dieser Kennzeichnung gemeint war. Es geht um die Fortführung des einmal aufgegriffenen Motivs. Aus diesen beiden Bänden und aus dem ein Jahr nach seinem Tod erschienenen Gedichtband *Sein und Schein* wählte Theo Schlee die Gedichte dieses Bandes aus.
Der Herausgeber des Bandes Dr. Theo Schlee ist Mediziner. Er lebt in Bern.

insel taschenbuch 52
Wilhelm Busch
Kritisch-Allzukritisches

Kritisch-Allzukritisches

Vorwort

Im Jahre 1874 ließ der 42jährige Wilhelm Busch, damals schon jedem bekannt als der Verfasser gereimter, teilweise hintergründig-lustiger, teilweise polemischer Bildergeschichten, im Verlag seines Freundes Otto Bassermann ein kleines Bändchen Gedichte erscheinen. Er gab ihm den Titel ›Kritik des Herzens‹. Damit ist das eigentliche Anliegen, um das es ihm ging, mit anspruchsloser Beiläufigkeit und doch unüberhörbar umschrieben. Es wurde auch nicht überhört: Busch sah sich massiveren Anfeindungen ausgesetzt und wartete vergebens auf ein freundliches Echo.

So ließ er erst dreißig Jahre später, in den Siebzigern nunmehr, unter dem Titel ›Zu guter Letzt‹ einen weiteren, kaum umfangreicheren Gedichtband folgen. Unschwer zu sehen, was mit dieser Kennzeichnung gemeint war. Es geht um die Fortführung des einmal aufgegriffenen Motivs. Es sind Variationen über das gleiche Thema; Variationen, wie sie ihm im Verlauf von weiteren drei Jahrzehnten kritisch analysierender Menschenbeobachtung in den Sinn gekommen waren.

Ähnliches gilt von dem Bändchen nachgelassener Gedichte. Sie wurden ein Jahr nach dem Tode Buschs veröffentlicht unter dem Titel ›Schein und Sein‹. Auch hier geht es vor allem und immer wieder darum, die unverstellte Menschennatur in ihrem unbeschönigten So-Sein zu ergründen. Und war das Auge des Greises auch kälter geworden, an Sehschärfe hatte es nichts eingebüßt. Im Gegenteil. Es sah unbeteiligter und damit unbestechlicher noch.

Nun finden sich freilich gerade in den beiden letzten Zusammenstellungen, aber auch schon in der programmatisch schärfer konturierten ›Kritik des Herzens‹, eine Reihe von Gedichten nicht eigentlich kritischen Charakters. Darüber hinaus eine Anzahl von Gelegenheitsreimereien, die, so ansprechend und eingängig sie in ihrer gekonnten Form sein mögen, in dem sonst hinlänglich geschlossenen organischen Ganzen fast wie Fremdkörper wirken. Busch war kein Systematiker. Was ihm ins Blickfeld kam und bemerkenswert schien, das beschäftigte ihn, und er ruminierte oft wochenlang grübelnd daran herum. Hatte er es zum beispielhaften Bilde, zur Fabel oder zur gereimten Sentenz ausgeformt, war es für ihn abgetan. In das, was die Aufschrift ›erledigt‹ trug, hat er nie wieder einen Blick geworfen. Schon bei der Zusammenstellung der einmal in die gültige Form gebrachten Gedanken hatte er kein Verhältnis mehr zu ihnen, — wegen der Reihenfolge mußte der Verleger eigens anfragen.

In der vorliegenden Ausgabe ist der Versuch einer Zusammenfassung und thematischen Ordnung des essentiell Kritischen der drei Bände gemacht worden. Auswahl und Abfolge, Grundanliegen und Kritikmotiv zu bestimmen war dabei nicht immer leicht. Es ist ein buntes Gemisch von Reflexionen und Beobachtungen, und die Art, es zu entmischen, mag ihrerseits zur Kritik herausfordern. Das um so mehr, als formal anders Geartetes tunlichst nicht allzu schroff aneinanderstoßen zu lassen Bedacht genommen wurde. Die zuordnende Aufschlüsselung läßt im übrigen naturgemäß einen weiten Ermessensspielraum. Andere Einteilungskriterien wären oft ebenso möglich, ja nicht selten verlockend.

Leitgesichtspunkt war nicht zuletzt, den Zugang zu den einzelnen Gedichten zu erleichtern: einmal im Sinne rascheren Auffindens, wenn der Gedichtanfang sich dem Gedächtnis nicht einstellen will; zum anderen aber auch im Sinne einer hinweisenden Aufmerksamkeitslenkung, wie sie mit der Inhaltsgliederung teilweise gegeben ist. Buschs Bildersprache ist von vertrackt verharmlosender Hintergründigkeit, er deutet immer nur an. Viele Formeln lassen in ihrer schlichten Prägnanz, in ihrer knappen, zum Bild verdichtenden Gedrängtheit das eigentliche Anliegen übersehen. Jeder Versuch einer über augenzwinkernde Fingerzeige hinausgehenden Interpretation aber bliebe schon vom Ansatz her verfehlt. T. S.

Mein Kind, es sind allhier die Dinge,
Gleichviel, ob große, ob geringe,
Im wesentlichen so verpackt,
Daß man sie nicht wie Nüsse knackt.

Wie wolltest du dich unterwinden,
Kurzweg die Menschen zu ergründen.
Du kennst sie nur von außenwärts.
Du siehst die Weste, nicht das Herz.

Die Selbstkritik hat viel für sich.
Gesetzt den Fall, ich tadle mich:
So hab ich erstens den Gewinn,
Daß ich so hübsch bescheiden bin;
Zum zweiten denken sich die Leut,
Der Mann ist lauter Redlichkeit;
Auch schnapp ich drittens diesen Bissen
Vorweg den andern Kritiküssen;
Und viertens hoff ich außerdem
Auf Widerspruch, der mir genehm.
So kommt es denn zuletzt heraus,
Daß ich ein ganz famoses Haus.

Sei ein braver Biedermann,
Fange tüchtig an zu loben!
Und du wirst von uns sodann
Gerne mit emporgehoben.

Wie, du ziehst ein schiefes Maul?
Willst nicht, daß dich andre adeln?
Na, denn sei mir nur nicht faul
Und verlege dich aufs Tadeln.

Gelt, das ist ein Hochgenuß,
Schwebst du so mit Wohlgefallen
Als ein sel'ger Kritikus
Hocherhaben über allen.

Da kommt mir eben so ein Freund
Mit einem großen Zwicker.
Ei, ruft er, Freundchen, wie mir scheint,
Sie werden immer dicker.

Ja ja, man weiß oft selbst nicht wie,
So kommt man in die Jahre;
Pardon, mein Schatz, hier haben Sie
Schon eins, zwei graue Haare!

Hinaus, verdammter Kritikus,
Sonst schmeiß ich dich in Scherben.
Du Schlingel willst mir den Genuß
Der Gegenwart verderben!

Nörgeln

Nörgeln ist das Allerschlimmste,
Keiner ist davon erbaut;
Keiner fährt, und wär's der Dümmste,
Gern aus seiner werten Haut.

Selbstgefällig

Mein Büdelein
Is noch so tlein,
Is noch so dumm,
Ein ames Wum,
Muß tille liegen
In seine Wiegen
Und hat noch keine Hos'.
Ätsch, ätsch!
Und ich bin schon so goß.

Die Tante winkt, die Tante lacht:
He, Fritz, komm mal herein!
Sieh, welch ein hübsches Brüderlein
Der gute Storch in letzter Nacht
Ganz heimlich der Mama gebracht.
Ei ja, das wird dich freun!
Der Fritz, der sagte kurz und grob:
Ich hol 'n dicken Stein
Und schmeiß ihn an den Kopp!

Verfrüht

Papa, nicht wahr,
Im nächsten Jahr,
Wenn ich erst groß
Und lesen kann und schreiben kann,
Dann krieg ich einen hübschen Mann
Mit einer Ticktackuhr
An einer goldnen Schnur.
Der nimmt mich auf den Schoß
Und sagt zu mir: Mein Engel,
Und gibt mir Zuckerkrengel
Und Kuchen und Pasteten.
Nicht wahr, Papa?

Der Vater brummt: Na, na,
Was ist das für Gefabel.
Die Vögel, die dann flöten,
Die haben noch keinen Schnabel.

Die Tute

Wenn die Tante Adelheide
Als Logierbesuch erschien,
Fühlte Fritzchen große Freude,
Denn dann gab es was für ihn.

Immer hat die liebe Gute
Tief im Reisekorb versteckt
Eine angenehme Tute,
Deren Inhalt köstlich schmeckt.

Täglich wird dem braven Knaben
Draus ein hübsches Stück beschert,
Bis wir schließlich nichts mehr haben
Und die Tante weiterfährt.

Mit der Post fuhr sie von hinnen.
Fritzchens Trauer ist nur schwach.
Einer Tute, wo nichts drinnen,
Weint man keine Träne nach.

Die Freunde

Zwei Knaben, Fritz und Ferdinand,
Die gingen immer Hand in Hand,
Und selbst in einer Herzensfrage
Trat ihre Einigkeit zutage.

Sie liebten beide Nachbars Käthchen,
Ein blondgelocktes, kleines Mädchen.

Einst sagte die verschmitzte Dirne:
Wer holt mir eine Sommerbirne,
Recht saftig, aber nicht zu klein?
Hernach soll er der Beste sein.

Der Fritz nahm seinen Freund beiseit
Und sprach: Das machen wir zu zweit;
Da drüben wohnt der alte Schramm,
Der hat den schönsten Birnenstamm;
Du steigst hinauf und schüttelst sacht,
Ich lese auf und gebe acht.

Gesagt, getan. Sie sind am Ziel.
Schon als die erste Birne fiel,
Macht Fritz damit sich aus dem Staube,
Denn eben schlich aus dunkler Laube,
In fester Faust ein spanisch Rohr,
Der aufmerksame Schramm hervor.

Auch Ferdinand sah ihn beizeiten
Und tät am Stamm heruntergleiten
In Ängstlichkeit und großer Hast,
Doch eh er unten Fuß gefaßt,

Begrüßt ihn Schramm bereits mit Streichen,
Als wollt er einen Stein erweichen.

Der Ferdinand, voll Schmerz und Hitze,
Entfloh und suchte seinen Fritze.

Wie angewurzelt blieb er stehn.
Ach hätt er es doch nie gesehn:

Die Käthe hat den Fritz geküßt,
Worauf sie eine Birne ißt.

Seit dies geschah, ist Ferdinand
Mit Fritz nicht mehr so gut bekannt.

Versäumt

Zur Arbeit ist kein Bub geschaffen,
Das Lernen findet er nicht schön;
Er möchte träumen, möchte gaffen
Und Vogelnester suchen gehn.

Er liebt es, lang im Bett zu liegen.
Und wie es halt im Leben geht:
Grad zu den frühen Morgenzügen
Kommt man am leichtesten zu spät.

Es saß in meiner Knabenzeit
Ein Fräulein jung und frisch
Im ausgeschnittnen grünen Kleid
Mir vis-à-vis bei Tisch.

Und wie's denn so mit Kindern geht,
Sehr frömmig sind sie nie,
Ach, dacht ich oft beim Tischgebet,
Wie schön ist doch Marie!

Es flog einmal ein muntres Fliegel
Zu einem vollen Honigtiegel.
Da tunkt es mit Zufriedenheit
Den Rüssel in die Süßigkeit.
Nachdem es dann genug geschleckt,
Hat es die Flügel ausgereckt
Und möchte sich nach oben schwingen.
Allein das Bein im Honigseim
Sitzt fest als wie in Vogelleim.
Nun fängt das Fliegel an zu singen:
Ach, lieber Himmel, mach mich frei
Aus dieser süßen Sklaverei!

Ein Freund von mir, der dieses sah,
Der seufzte tief und rief: Ja ja!

Ach, wie geht's dem Heilgen Vater!
Groß und schwer sind seine Lasten,
Drum, o Joseph, trag den Gulden
In Sankt Peters Sammelkasten!

So sprach im Seelentrauerton
Die Mutter zu dem frommen Sohn.
Der Joseph, nach empfangner Summe,
Eilt auch sogleich ums Eck herumme,
Bis er das Tor des Hauses fand,
Wo eines Bockes Bildnis stand,
Was man dahin gemalt mit Fleiß
Zum Zeichen, daß hier Bockverschleiß.
Allhier in einem kühlen Hof
Setzt sich der Joseph hin und sof;
Und aß dazu, je nach Bedarf,
Die gute Wurst, den Radi scharf,
Bis er, was nicht gar lange währt,
Sankt Peters Gulden aufgezehrt.
Nun wird's ihm trauriglich zu Sinn
Und stille singt er vor sich hin:

Ach der Tugend schöne Werke,
Gerne möcht ich sie erwischen,
Doch ich merke, doch ich merke,
Immer kommt mir was dazwischen.

Ferne Berge seh ich glühen!
Unruhvoller Wandersinn!
Morgen will ich weiterziehen,
Weiß der Teufel, wohin?

Ja ich will mich nur bereiten,
Will — was hält mich nur zurück?
Nichts wie dumme Kleinigkeiten!
Zum Exempel, Dein Blick!

Es sprach der Fritz zu dem Papa:
Was sie nur wieder hat?
Noch gestern sagte mir Mama:
Du fährst mit in die Stadt.

Ich hatte mich schon so gefreut
Und war so voll Pläsier.
Nun soll ich doch nicht mit, denn heut
Da heißt es: Fritz bleibt hier!

Der Vater saß im Sorgensitz.
Er sagte ernst und still:
Trau Langhals nicht, mein lieber Fritz,
Der hustet, wann er will!

Gestern war in meiner Mütze
Mir mal wieder was nicht recht;
Die Natur schien mir nichts nütze
Und der Mensch erbärmlich schlecht.

Meine Ehgemahlin hab ich
Ganz gehörig angeplärrt,
Drauf aus purem Zorn begab ich
Mich ins Symphoniekonzert.

Doch auch dies war nicht so labend,
Wie ich eigentlich gedacht,
Weil man da den ganzen Abend
Wieder mal Musik gemacht.

Früher, da ich unerfahren
Und bescheidner war als heute,
Hatten meine höchste Achtung
Andre Leute.
Später traf ich auf der Weide
Außer mir noch mehre Kälber,
Und nun schätz ich, sozusagen,
Erst mich selber.

Eitelkeit

Ein Töpfchen stand im Dunkeln
An stillverborgener Stelle.
Ha, rief es, wie wollt ich funkeln,
Käm ich nur mal ins Helle.

Ihm geht es wie vielen Narren.
Säß einer auch hinten im Winkel,
So hat er doch seinen Sparren
Und seinen aparten Dünkel.

Ein dicker Sack — den Bauer Bolte,
Der ihn zur Mühle tragen wollte,
Um auszuruhn, mal hingestellt
Dicht an ein reifes Ährenfeld —
Legt sich in würdevolle Falten
Und fängt 'ne Rede an zu halten.
Ich, sprach er, bin der volle Sack.
Ihr Ähren seid nur dünnes Pack.
Ich bin's, der euch auf dieser Welt
In Einigkeit zusammenhält.
Ich bin's, der hoch vonnöten ist,
Daß euch das Federvieh nicht frißt;
Ich, dessen hohe Fassungskraft
Euch schließlich in die Mühle schafft.
Verneigt euch tief, denn ich bin Der!
Was wäret ihr, wenn ich nicht wär?
Sanft rauschen die Ähren:
Du wärst ein leerer Schlauch,
        wenn wir nicht wären.

Fink und Frosch

Auf leichten Schwingen frei und flink
Zum Lindenwipfel flog der Fink
Und sang an dieser hohen Stelle
Sein Morgenlied so glockenhelle.

Ein Frosch, ein dicker, der im Grase
Am Boden hockt, erhob die Nase,
Strich selbstgefällig seinen Bauch
Und denkt: Die Künste kann ich auch.

Alsbald am rauhen Stamm der Linde
Begann er, wenn auch nicht geschwinde,
Doch mit Erfolg, emporzusteigen,
Bis er zuletzt von Zweig zu Zweigen,
Wobei er freilich etwas keucht,
Den höchsten Wipfelpunkt erreicht
Und hier sein allerschönstes Quacken
Ertönen läßt aus vollen Backen.

Der Fink, dem dieser Wettgesang
Nicht recht gefällt, entfloh und schwang
Sich auf das steile Kirchendach.

Wart, rief der Frosch, ich komme nach.
Und richtig ist er fortgeflogen,
Das heißt, nach unten hin im Bogen,
So daß er schnell und ohne Säumen,
Nach mehr als zwanzig Purzelbäumen,
Zur Erde kam mit lautem Quack,
Nicht ohne großes Unbehagen.

Er fiel zum Glück auf seinen Magen,
Den dicken, weichen Futtersack,
Sonst hätt er sicher sich verletzt.
Heil ihm! Er hat es durchgesetzt.

Befriedigt

Er g'hört, als eines von den Lichtern,
Die höher stets und höher steigen,
Bereits zu unsern besten Dichtern,
Das läßt sich leider nicht verschweigen.

Was weiß man von den Sittenrichtern? —
Er lebt von seiner Frau geschieden,
Hat Schulden, ist nicht immer nüchtern —
Aha, jetzt sind wir schon zufrieden!

Wenn andre klüger sind als wir,
Das macht uns selten nur Pläsir,
Doch die Gewißheit, daß sie dümmer,
Erfreut fast immer.

Sie stritten sich beim Wein herum,
Was das nun wieder wäre;
Das mit dem Darwin wär gar zu dumm
Und wider die menschliche Ehre.

Sie tranken manchen Humpen aus,
Sie stolperten aus den Türen,
Sie grunzten vernehmlich und kamen zu Haus
Gekrochen auf allen vieren.

Die Affen

Der Bauer sprach zu seinem Jungen:
Heut in der Stadt da wirst du gaffen.
Wir fahren hin und sehn die Affen.
Es ist gelungen
Und um sich schief zu lachen,
Was die für Streiche machen
Und für Gesichter,
Wie rechte Bösewichter.
Sie krauen sich,
Sie zausen sich,
Sie hauen sich,
Sie lausen sich,
Beschnuppern dies, beschnuppern das,
Und keiner gönnt dem andern was,
Und essen tun sie mit der Hand,
Und alles tun sie mit Verstand,
Und jeder stiehlt als wie ein Rabe.
Paß auf, das siehst du heute.

O Vater, rief der Knabe,
Sind Affen denn auch Leute?

Der Vater sprach: Nun ja,
Nicht ganz, doch so beinah.

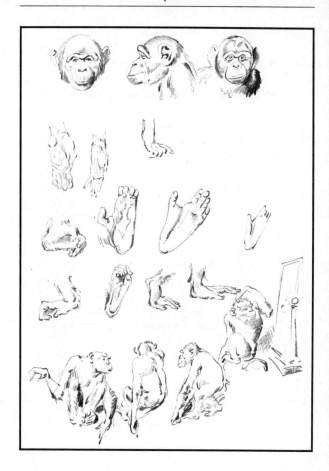

Es sitzt ein Vogel auf dem Leim,
Er flattert sehr und kann nicht heim.
Ein schwarzer Kater schleicht herzu,
Die Krallen scharf, die Augen gluh.
Am Baum hinauf und immer höher
Kommt er dem armen Vogel näher.

Der Vogel denkt: Weil das so ist
Und weil mich doch der Kater frißt,
So will ich keine Zeit verlieren,
Will noch ein wenig quinquilieren
Und lustig pfeifen wie zuvor.
Der Vogel, scheint mir, hat Humor.

Es stand vor eines Hauses Tor
Ein Esel mit gespitztem Ohr,
Der käute sich sein Bündel Heu
Gedankenvoll und still entzwei. —
Nun kommen da und bleiben stehn
Der naseweisen Buben zween,
Die auch sogleich, indem sie lachen,
Verhaßte Redensarten machen,
Womit man denn bezwecken wollte,
Daß sich der Esel ärgern sollte. —
Doch dieser hocherfahrne Greis
Beschrieb nur einen halben Kreis,
Verhielt sich stumm und zeigte itzt
Die Seite, wo der Wedel sitzt.

Es saß ein Fuchs im Walde tief.
Da schrieb ihm der Bauer einen Brief:
So und so, und er sollte nur kommen,
's wär alles verziehn, was übelgenommen.
Der Hahn, die Hühner und Gänse ließen
Ihn alle zusammen auch vielmals grüßen.
Und wann ihn denn erwarten sollte
Sein guter, treuer Krischan Bolte.
Drauf schrieb der Fuchs mit Gänseblut:
Kann nicht gut.
Meine Alte mal wieder
Gekommen nieder!
Im übrigen von ganzer Seele
Dein Fuchs in der Höhle.

Spatz und Schwalben

Es grünte allenthalben.
Der Frühling wurde wach.
Bald flogen auch die Schwalben
Hell zwitschernd um das Dach.

Sie sangen unermüdlich
Und bauten außerdem
Am Giebel rund und niedlich
Ihr Nest aus feuchtem Lehm.

Und als sie eine Woche
Sich redlich abgequält,
Hat nur am Eingangsloche
Ein Stückchen noch gefehlt.

Da nahm der Spatz, der Schlingel,
Die Wohnung in Besitz.
Jetzt hängt ein Strohgeklüngel
Hervor aus ihrem Schlitz.

Nicht schön ist dies Gebaren
Und wenig ehrenwert
Von einem, der seit Jahren
Mit Menschen viel verkehrt.

Der Spatz

Ich bin ein armer Schreiber nur,
Hab weder Haus noch Acker,
Doch freut mich jede Kreatur,
Sogar der Spatz, der Racker.

Er baut von Federn, Haar und Stroh
Sein Nest geschwind und flüchtig,
Er denkt, die Sache geht schon so,
Die Schönheit ist nicht wichtig.

Wenn man den Hühnern Futter streut,
Gleich mengt er sich dazwischen,
Um schlau und voller Rührigkeit
Sein Körnlein zu erwischen.

Maikäfer liebt er ungemein,
Er weiß sie zu behandeln;
Er hackt die Flügel, zwackt das Bein
Und knackt sie auf wie Mandeln.

Im Kirschenbaum frißt er verschmitzt
Das Fleisch der Beeren gerne;
Dann hat, wer diesen Baum besitzt,
Nachher die schönsten Kerne.

Es fällt ein Schuß, der Spatz entfleucht
Und ordnet sein Gefieder.
Für heute bleibt er weg vielleicht,
Doch morgen kommt er wieder.

Und ist es Winterzeit und hat's
Geschneit auf alle Dächer,
Verhungern tut kein rechter Spatz,
Er kennt im Dach die Löcher.

Ich rief: Spatz komm, ich füttre dich!
Er faßt mich scharf ins Auge.
Er scheint zu glauben, daß auch ich
Im Grunde nicht viel tauge.

Die Rose sprach zum Mägdelein:
Ich muß dir ewig dankbar sein,
Daß du mich an den Busen drückst
Und mich mit deiner Huld beglückst.

Das Mägdlein sprach: O Röslein mein,
Bild dir nur nicht zuviel drauf ein,
Daß du mir Aug und Herz entzückst
Ich liebe dich, weil du mich schmückst.

Er stellt sich vor sein Spiegelglas
Und arrangiert noch dies und das.
Er dreht hinaus des Bartes Spitzen,
Sieht zu, wie seine Ringe blitzen,
Probiert auch mal, wie sich das macht,
Wenn er so herzgewinnend lacht,
Übt seines Auges Zauberkraft,
Legt die Krawatte musterhaft,
Wirft einen süßen Scheideblick
Auf sein geliebtes Bild zurück,
Geht dann hinaus zur Promenade,
Umschwebt vom Dufte der Pomade,
Und ärgert sich als wie ein Stint,
Daß andre Leute eitel sind.

Es kam ein Lump mir in die Quer
Und hielt den alten Felbel her.
Obschon er noch gesund und stark,
Warf ich ihm dennoch eine Mark
Recht freundlich in den Hut hinein.
Der Kerl schien Philosoph zu sein.
Er sprach mit ernstem Bocksgesicht:
Mein Herr, Sie sehn, ich danke nicht.
Das Danken bin ich nicht gewohnt.
Ich nehme an, Sie sind gescheit
Und fühlen sich genug belohnt
Durch Ihre Eitelkeit.

Doppelte Freude

Ein Herr warf einem Bettelmann
Fünf Groschen in den Felber.
Das tat dem andern wohl, und dann
Tat es auch wohl ihm selber.

Der eine, weil er gar so gut,
Kann sich von Herzen loben;
Der andre trinkt sich frischen Mut
Und fühlt sich auch gehoben.

Mich wurmt es, wenn ich nur dran denke. —
Es saß zu München in der Schenke
Ein Protz mit dunkelroter Nase
Beim elften oder zwölften Glase.
Da schlich sich kümmerlich heran
Ein armer alter Bettelmann,
Zog vor dem Protzen seinen Hut
Und fleht: Gnä Herr, ach sein S' so gut!
Der Protz jedoch, fuchsteufelswild,
Statt was zu geben, flucht und schilt:
Gehst raus, du alter Lump, du schlechter!
Nix möcht' er, als grad saufen möcht er!

Kennt der Kerl denn keine Gnade?
Soll er uns mit seiner Suade,
Durch sein breites Explizieren,
Schwadronieren, Disputieren,
Soll er uns denn stets genieren,
Dieser säuselnde Philister,
Beim Genuß des edlen Weins?
Pump ihn an, und plötzlich ist er
Kurz und bündig wie Glock Eins.

Wenn mir mal ein Malheur passiert,
Ich weiß, so bist du sehr gerührt,
Du denkst, es wäre doch fatal,
Passierte dir das auch einmal.
Doch weil das böse Schmerzensding
Zum Glück an dir vorüberging,
So ist die Sache anderseits
Für dich nicht ohne allen Reiz.
Du merkst, daß die Bedaurerei
So eine Art von Wonne sei.

Tröstlich

Nachbar Nickel ist verdrießlich,
Und er darf sich wohl beklagen,
Weil ihm seine Pläne schließlich
Alle gänzlich fehlgeschlagen.

Unsre Ziege starb heut morgen.
Geh und sag's ihm, lieber Knabe!
Daß er nach so vielen Sorgen
Auch mal eine Freude habe.

Befriedigt

Gehorchen wird jeder mit Genuß
Den Frauen, den hochgeschätzten,
Hingegen machen uns meist Verdruß
Die sonstigen Vorgesetzten.

Nur wenn ein kleines Mißgeschick
Betrifft den Treiber und Leiter,
Dann fühlt man für den Augenblick
Sich sehr befriedigt und heiter.

Als neulich am Sonntag der Herr Pastor
Eine peinliche Pause machte,
Weil er den Faden der Rede verlor,
Da duckte sich der Küster und lachte.

Mein Freund, an einem Sonntagmorgen,
Tät sich ein hübsches Rößlein borgen.
Mit frischem Hemd und frischem Mute,
In blanken Stiefeln, blankem Hute,
Die Haltung stramm und stramm die Hose,
Am Busen eine junge Rose,
So reitet er durch die Alleen,
Wie ein Adonis anzusehen.

Die Reiter machen viel Vergnügen,
Wenn sie ihr stolzes Roß bestiegen.

Nun kommt da unter sanftem Knarren
Ein milchbeladner Eselskarren.
Das Rößlein, welches sehr erschrocken,
Fängt an zu trappeln und zu bocken,
Und, hopp, das war ein Satz, ein weiter!
Dort rennt das Roß, hier liegt der Reiter,
Entfernt von seinem hohen Sitze,
Platt auf dem Bauche in der Pfütze.

Die Reiter machen viel Vergnügen,
Besonders, wenn sie drunten liegen.

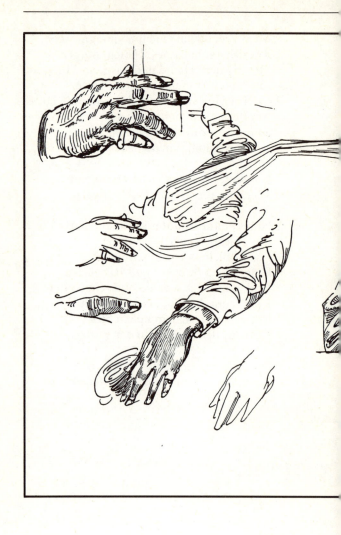

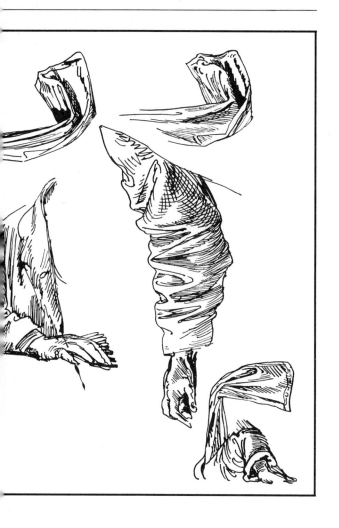

Laß doch das ew'ge Fragen,
Verehrter alter Freund.
Ich will von selbst schon sagen,
Was mir vonnöten scheint.

Du sagst vielleicht dagegen:
Man fragt doch wohl einmal.
Gewiß! Nur allerwegen
Ist mir's nicht ganz egal.

Bei deinem Fragestellen
Hat eines mich frappiert:
Du fragst so gern nach Fällen,
Wobei ich mich blamiert.

Der Schadenfrohe

Ein Dornstrauch stand im Wiesental
An einer Stiege, welche schmal,
Und ging vorüber irgendwer,
Den griff er an und kratzte er.

Ein Lämmlein kam dahergehupft.
Das hat er ebenfalls gerupft.
Es sieht ihn traurig an und spricht:
Du brauchst doch meine Wolle nicht,
Und niemals tat ich dir ein Leid.
Weshalb zerrupfst du denn mein Kleid?
Es tut mir weh und ist auch schad.

Ei, rief der Freche, darum grad.

Die Schändliche

Sie ist ein reizendes Geschöpfchen,
Mit allen Wassern wohl gewaschen,
Sie kennt die süßen Sündentöpfchen
Und liebt es, häufig draus zu naschen.

Da bleibt den sittlich Hochgestellten
Nichts weiter übrig, als mit Freuden
Auf diese Schandperson zu schelten
Und sie mit Schmerzen zu beneiden.

Die erste alte Tante sprach:
Wir müssen nun auch dran denken,
Was wir zu ihrem Namenstag
Dem guten Sophiechen schenken.

Darauf sprach die zweite Tante kühn:
Ich schlage vor, wir entscheiden
Uns für ein Kleid in Erbsengrün,
Das mag Sophiechen nicht leiden.

Der dritten Tanten war das recht:
Ja, sprach sie, mit gelben Ranken!
Ich weiß, sie ärgert sich nicht schlecht
Und muß sich auch noch bedanken.

Waldfrevel

Ein hübsches Pärchen ging einmal
Tief in des Waldes Gründe.
Sie pflückte Beeren ohne Zahl,
Er schnitt was in die Rinde.

Der pflichtgetreue Förster sieht's.
Was sind das für Geschichten?
Er zieht sein Buch, er nimmt Notiz
Und wird den Fall berichten.

Was ist die alte Mamsell Schmöle
Für eine liebe, treue Seele!
Sie spricht zu ihrer Dienerin:
Ach, Rieke, geh Sie da nicht hin!
Was will Sie da im goldnen Löben
Heut abend auf und nieder schweben?
Denn wedelt nicht bei Spiel und Tanz
Der Teufel fröhlich mit dem Schwanz?
Und überhaupt, was ist es nütz?
Sie quält sich ab, Sie kommt in Schwitz,
Sie geht hinaus, erkältet sich
Und hustet dann ganz fürchterlich.
Drum bleibe Sie bei mir nur lieber!
Und, Rieke, geh Sie mal hinüber
Und hole Sie vom Kaufmann Fräse
Ein Viertel guten Schweizerkäse,
Und sei Sie aber ja ja ja
Gleich zur Minute wieder da!
So ist die gute Mamsell Schmöle
Besorgt für Riekens Heil der Seele.
Ja später noch, in stiller Nacht,
Ist sie auf diesen Zweck bedacht
Und schleicht an Riekens Kammertür
Und schaut, ob auch die Rieke hier,
Und ob sie auch in Frieden ruht
Und daß ihr ja nicht wer was tut,
Was sich nun einmal nicht gehört,
Was gottlos und beneidenswert.

Mein kleinster Fehler ist der Neid. —
Aufrichtigkeit, Bescheidenheit,
Dienstfertigkeit und Frömmigkeit,
Obschon es herrlich schöne Gaben,
Die gönn' ich allen, die sie haben.
Nur, wenn ich sehe, daß der Schlechte
Das kriegt, was ich gern selber möchte;
Nur wenn ich leider in der Nähe
So viele böse Menschen sehe,
Und wenn ich dann so oft bemerke,
Wie sie durch sittenlose Werke
Den lasterhaften Leib ergötzen,
Das freilich tut mich tief verletzen.
Sonst, wie gesagt, bin ich hienieden
Gottlobunddank so recht zufrieden.

Zwischen diesen zwei gescheiten
Mädchen, Anna und Dorette,
Ist zu allen Tageszeiten
Doch ein ewiges Gekrette.
Noch dazu um Kleinigkeiten. —
Gestern gingen sie zu Bette,
Und sie fingen an zu streiten,
Wer die dicksten Waden hätte.

Hahnenkampf

Ach, wie vieles muß man rügen,
Weil es sündlich und gemein,
So, zum Beispiel, das Vergnügen,
Zuzusehn bei Prügelein.

Noch vor kurzem hab ich selber
Mir zwei Gockel angesehn,
Hier ein schwarzer, da ein gelber,
Die nicht gut zusammen stehn.

Plötzlich kam es zum Skandale,
Denn der schwarze macht die Kur,
Was dem gelben alle Male
Peinlich durch die Seele fuhr.

Mit den Krallen, mit den Sporen,
Mit dem Schnabel, scharf gewetzt,
Mit den Flügeln um die Ohren
Hat es Hieb auf Hieb gesetzt.

Manche Feder aus dem Leder
Reißen und zerschleißen sie,
Und zum Schlusse ruft ein jeder
Triumphierend Kickriki!

Voller Freude und mit wahrem
Eifer sah ich diesen Zwist,
Während jedes Huhn im Harem
Höchst gelassen weiterfrißt.

Solch ein Weibervolk mit Flügeln
Meint, wenn Gockel früh und spät
Seinetwegen sich verprügeln,
Daß sich das von selbst versteht.

Gerne wollt ihr Gutes gönnen
Unserm Goethe, unserm Schiller,
Nur nicht Meier oder Müller,
Die noch selber lieben können.

Denn durch eure Männerleiber
Geht ein Konkurrenzgetriebe;
Sei es Ehre, sei es Liebe;
Doch dahinter stecken Weiber.

Sie war ein Blümlein hübsch und fein,
Hell aufgeblüht im Sonnenschein.
Er war ein junger Schmetterling,
Der selig an der Blume hing.
Oft kam ein Bienlein mit Gebrumm
Und nascht und säuselt da herum.
Oft kroch ein Käfer kribbelkrab
Am hübschen Blümlein auf und ab.
Ach Gott, wie das dem Schmetterling
So schmerzlich durch die Seele ging.
Doch was am meisten ihn entsetzt,
Das Allerschlimmste kam zuletzt.
Ein alter Esel fraß die ganze
Von ihm so heiß geliebte Pflanze.

Ich wußte, sie ist in der Küchen,
Ich bin ihr leise nachgeschlichen.
Ich wollt' ihr ew'ge Treue schwören
Und fragen, willst du mir gehören?
Auf einmal aber stutzte ich.
Sie kramte zwischen dem Gewürze;
Dann schneuzte sie und putzte sich
Die Nase mit der Schürze.

Sie hat nichts und du desgleichen;
Dennoch wollt ihr, wie ich sehe,
Zu dem Bund der heil'gen Ehe
Euch bereits die Hände reichen.

Kinder, seid ihr denn bei Sinnen?
Überlegt euch das Kapitel!
Ohne die gehör'gen Mittel
Soll man keinen Krieg beginnen.

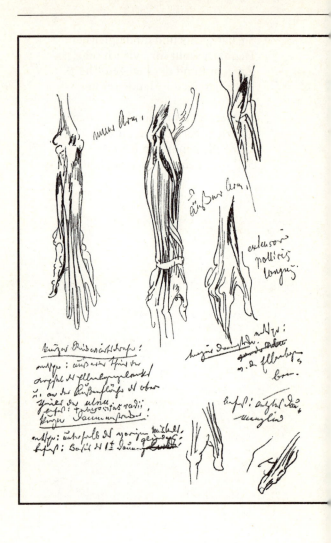

Achillesfuß.

äußeres Fußband:
an 3 Stellen;
vorderes, hinteres
m. Alarent.

oben/unten.
Ursprung: coracoid, Schlüsselbein
Ansatz: processus mastoideus
und Linea semicircularis.

Die Liebe war nicht geringe.
Sie wurden ordentlich blaß;
Sie sagten sich tausend Dinge
Und wußten noch immer was.

Sie mußten sich lange quälen,
Doch schließlich kam's dazu,
Daß sie sich konnten vermählen.
Jetzt haben die Seelen Ruh.

Bei eines Strumpfes Bereitung
Sitzt sie im Morgenhabit;
Er liest in der Kölnischen Zeitung
Und teilt ihr das Nötige mit.

Greulich

Er hatte, was sich nicht gehört,
Drei Bräute an der Zahl
Und nahm, nachdem er sie betört,
'ne vierte zum Gemahl.

Allein, es war ein kurzes Glück.
Kaum waren sie getraut,
So hat der Hund auch diesen Strick
Schon wieder abgekaut.

Lache nicht

Lache nicht, wenn mit den Jahren
Lieb und Freundlichkeit vergehen,
Was Paulinchen ist geschehen,
Kann auch dir mal widerfahren.

Sieh nur, wie verändert hat sich
Unser guter Küchenbesen.
Er, der sonst so weich gewesen,
Ist jetztunder stumpf und kratzig.

Gut und böse

Tugend will, man soll sie holen,
Ungern ist sie gegenwärtig;
Laster ist auch unbefohlen
Dienstbereit und fix und fertig.

Gute Tiere, spricht der Weise,
Mußt du züchten, mußt du kaufen;
Doch die Ratten und die Mäuse
Kommen ganz von selbst gelaufen.

Leider!

So ist's in alter Zeit gewesen,
So ist es, fürcht ich, auch noch heut.
Wer nicht besonders auserlesen,
Dem macht die Tugend Schwierigkeit.

Aufsteigend mußt du dich bemühen,
Doch ohne Mühe sinkest du.
Der liebe Gott muß immer ziehen,
Dem Teufel fällt's von selber zu.

Unbequem

Ernst und dringend folgt mir eine
Mahnung nach auf Schritt und Tritt:
Sorge nicht nur für das Deine,
Sondern für das andre mit.

Demnach soll ich unterlassen,
Was mir von Natur genehm,
Um das Gute zu erfassen?
Ei, das ist mal unbequem.

Ach, ich fühl es! Keine Tugend
Ist so recht nach meinem Sinn;
Stets befind ich mich am wohlsten,
Wenn ich damit fertig bin.

Dahingegen so ein Laster,
Ja, das macht mir viel Pläsier;
Und ich hab die hübschen Sachen
Lieber vor als hinter mir.

Reue

Die Tugend will nicht immer passen,
Im ganzen läßt sie etwas kalt,
Und daß man eine unterlassen,
Vergißt man bald.

Doch schmerzlich denkt manch alter Knaster,
Der von vergangnen Zeiten träumt,
An die Gelegenheit zum Laster,
Die er versäumt.

Die Unbeliebte

Habt ihr denn wirklich keinen Schimmer
Von Angst, daß ihr noch ruhig schlaft?
Wird denn in dieser Welt nicht immer
Das Leben mit dem Tod bestraft?

Ihr lebt vergnügt, trotz dem Verhängnis,
Das näher stets und näher zieht.
So stiehlt der Dieb, dem das Gefängnis
Und später gar der Galgen blüht.

Hör auf, entgegnet frech die Jugend,
Du altes Jammerinstrument.
Man merkt es gleich: du bist die Tugend,
Die keinem sein Vergnügen gönnt.

Kränzchen

In der ersten Nacht des Maien
Läßt's den Hexen keine Ruh.
Sich gesellig zu erfreuen,
Eilen sie dem Brocken zu.

Dorten haben sie ihr Kränzchen.
Man verleumdet, man verführt,
Macht ein lasterhaftes Tänzchen,
Und der Teufel präsidiert.

Hoch verehr ich ohne Frage
Dieses gute Frauenzimmer.
Seit dem segensreichen Tage,
Da ich sie zuerst erblickt,
Hat mich immer hoch entzückt
Ihre rosenfrische Jugend,
Ihre Sittsamkeit und Tugend
Und die herrlichen Talente.
Aber dennoch denk ich immer,
Daß es auch nicht schaden könnte,
Wäre sie ein bissel schlimmer.

Ihr kennt ihn doch schon manches Jahr,
Wißt, was es für ein Vogel war;
Wie er in allen Gartenräumen
Herumgeflattert auf den Bäumen;
Wie er die hübschen roten Beeren,
Die andern Leuten zugehören,
Mit seinem Schnabel angepickt
Und sich ganz lasterhaft erquickt.
Nun hat sich dieser böse Näscher,
Gardinenschleicher, Mädchenhäscher,
Der manchen Biedermann gequält,
Am Ende selber noch vermählt.
Nun legt er seine Stirn in Falten,
Fängt eine Predigt an zu halten
Und möchte uns von Tugend schwatzen.

Ei, so ein alter Schlingel! Kaum
Hat er 'nen eignen Kirschenbaum,
So schimpft er auf die Spatzen.

Was soll ich nur von eurer Liebe glauben?
Was kriecht ihr immer so in dunkle Lauben?
Wozu das ew'ge Flüstern und Gemunkel?
Das scheinen höchst verdächtige Geschichten.
Und selbst die besten ehelichen Pflichten,
Von allem Tun die schönste Tätigkeit,
In Tempeln von des Priesters Hand geweiht,
Ihr hüllt sie in ein schuldbewußtes Dunkel.

Pst!

Es gibt ja leider Sachen und Geschichten,
Die reizend und pikant,
Nur werden sie von Tanten und von Nichten
Niemals genannt.

Verehrter Freund, so sei denn nicht vermessen,
Sei zart und schweig auch du.
Bedenk: Man liebt den Käse wohl, indessen
Man deckt ihn zu.

Man wünschte sich herzlich gute Nacht;
Die Tante war schrecklich müde;
Bald sind die Lichter ausgemacht,
Und alles ist Ruh und Friede.

Im ganzen Haus sind nur noch zween,
Die keine Ruhe finden,
Das ist der gute Vetter Eugen
Mit seiner Base Lucinden.

Sie wachten zusammen bis in der Früh,
Sie herzten sich und küßten.
Des Morgens beim Frühstück taten sie,
Als ob sie von nichts was wüßten.

Wer möchte diesen Erdenball
Noch fernerhin betreten,
Wenn wir Bewohner überall
Die Wahrheit sagen täten.

Ihr hießet uns, wir hießen euch
Spitzbuben und Halunken,
Wir sagten uns fatales Zeug,
Noch eh wir uns betrunken.

Und überall im weiten Land,
Als langbewährtes Mittel,
Entsproßte aus der Menschenhand
Der treue Knotenknittel.

Da lob ich mir die Höflichkeit,
Das zierliche Betrügen.
Du weißt Bescheid, ich weiß Bescheid;
Und allen macht's Vergnügen.

Wenn alles sitzen bliebe,
Was wir in Haß und Liebe
So voneinander schwatzen;
Wenn Lügen Haare wären,
Wir wären rauh wie Bären
Und hätten keine Glatzen.

Nicht beeidigt

Willst du gelobt sein, so verzichte
Auf kindlich blödes Wesen.
Entschließ dich, deine himmlischen Gedichte
Den Leuten vorzulesen.

Die Welt ist höflich und gesellig,
Und eh man dich beleidigt,
Sagt wohl ein jeder leicht, was dir gefällig,
Denn keiner ist beeidigt.

Du fragtest mich früher nach mancherlei.
Ich sagte dir alles frank und frei.
Du fragtest, wann ich zu reisen gedächte,
Welch ein Geschäft ich machen möchte.
Ich sagte dir offen: dann und dann;
Ich gab dir meine Pläne an.
Oft hat die Reise mir nicht gepaßt;
Dann nanntest du mich 'n Quirlequast.
Oft ging's mit dem Geschäfte krumm;
Dann wußtest du längst, es wäre dumm.
Oft kamst du mir auch mit List zuvor;
Dann schien ich mir selber ein rechter Tor.
Nun hab ich, weil mich dieses gequält,
Mir einen hübschen Ausweg erwählt.
Ich rede, wenn ich reden soll,
Und lüge dir die Jacke voll.

Hintenherum

Ein Mensch, der etwas auf sich hält,
Bewegt sich gern in feiner Welt;
Denn erst in weltgewandten Kreisen
Lernt man die rechten Redeweisen,
Verbindlich, aber zugespitzt,
Und treffend, wo die Schwäre sitzt.

Es ist so wie mit Rektor Knaut,
Der immer lächelt, wenn er haut.
Auch ist bei Knaben weit berüchtigt
Das Instrument, womit er züchtigt.
Zu diesem Zweck bedient er nämlich,
Als für den Sünder gut bekömmlich,
Sich einer schlanken Haselgerte,
Zwar biegsam, doch nicht ohne Härte,
Die sich, von rascher Hand bewegt,
Geschmeidig um die Hüfte legt.

Nur wer es fühlte, der begreift es:
Vorn schlägt er zu und hinten kneift es.

Der alte Förster Püsterich
Der ging nach langer Pause
Mal wieder auf den Schnepfenstrich
Und brachte auch eine nach Hause.

Als er sie nun gebraten hätt,
Da tät ihn was verdreußen;
Das Tierlein roch wie sonst so nett,
Nur konnt er's nicht recht mehr beißen.

Ach ja! so seufzt er wehgemut
Und wischt sich ab die Träne,
Die Nase wär so weit noch gut,
Nur bloß, es fehlen die Zähne.

Er war ein grundgescheiter Mann,
Sehr weise und hocherfahren;
Er trug ein graumeliertes Haar,
Dieweil er schon ziemlich bei Jahren.

Er war ein abgesagter Feind
Des Lachens und des Scherzens
Und war doch der größte Narr am Hof
Der Königin seines Herzens.

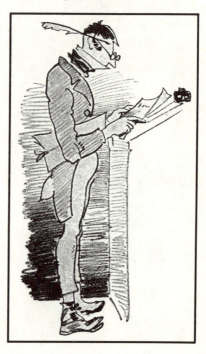

Röschen

Als Kind von angenehmen Zügen
War Röschen ein gar lustig Ding.
Gern zupfte sie das Bein der Fliegen,
Die sie geschickt mit Spucke fing.

Sie wuchs, und größere Objekte
Lockt sie von nun an in ihr Garn,
Nicht nur die jungen, nein, sie neckte
Und rupft auch manchen alten Narrn.

Inzwischen tat in stillem Walten
Die Zeit getreulich ihre Pflicht.
Durch wundersame Bügelfalten
Verziert sie Röschens Angesicht.

Und locker wurden Röschens Zähne.
Kein Freier stellte sich mehr ein.
Und schließlich kriegt sie gar Migräne,
Und die pflegt dauerhaft zu sein.

Dies führte sie zum Aberglauben,
Obwohl sie sonst nicht gläubig schien,
Sie meinte fest, daß Turteltauben
Den Schmerz der Menschen an sich ziehn.

Zwei Stück davon hat sie im Bauer,
Ein Pärchen, welches zärtlich girrt;
Jetzt liegt sie täglich auf der Lauer,
Ob ihnen noch nicht übel wird.

Der alte Narr

Ein Künstler auf dem hohen Seil,
Der alt geworden mittlerweil,
Stieg eines Tages vom Gerüst
Und sprach: Nun will ich unten bleiben
Und nur noch Hausgymnastik treiben,
Was zur Verdauung nötig ist.

Da riefen alle: Oh, wie schad!
Der Meister scheint doch allnachgrad
Zu schwach und steif zum Seilbesteigen!
Ha! denkt er, dieses wird sich zeigen!
Und richtig, eh der Markt geschlossen,
Treibt er aufs neu die alten Possen
Hoch in der Luft und zwar mit Glück,
Bis auf ein kleines Mißgeschick.

Er fiel herab in großer Eile
Und knickte sich die Wirbelsäule.

Der alte Narr! Jetzt bleibt er krumm!
So äußert sich das Publikum.

Kopf und Herz

Wie es scheint, ist die Moral
Nicht so bald beleidigt,
Während Schlauheit allemal
Wütend sich verteidigt.

Nenn den Schlingel liederlich,
Leicht wird er's verdauen;
Nenn ihn dumm, so wird er dich,
Wenn er kann, verhauen.

Daneben

Stoffel hackte mit dem Beile.
Dabei tat er sich sehr wehe,
Denn er traf in aller Eile
Ganz genau die große Zehe.

Ohne jedes Schmerzgewimmer,
Nur mit Ruh, mit einer festen,
Sprach er: Ja, ich sag es immer,
Nebenzu trifft man am besten

So war's

Der Teetopf war so wunderschön,
Sie liebt ihn wie ihr Leben.
Sie hat ihm leider aus Versehn
Den Todesstoß gegeben.

Was sie für Kummer da empfand,
Nie wird sie es vergessen.
Sie hielt die Scherben aneinand
Und sprach: So hat's gesessen!

Noch zwei?

Durch das Feld ging die Familie,
Als mit glückbegabter Hand
Sanft errötend Frau Ottilie
Eine Doppelähre fand.

Was die alte Sage kündet,
Hat sich öfter schon bewährt:
Dem, der solche Ähren findet
Wird ein Doppelglück beschert.

Vater Franz blickt scheu zur Seite.
Zwei zu fünf, das wäre viel.
Kinder, sprach er, aber heute
Ist es ungewöhnlich schwül.

Das Bild des Mann's in nackter Jugendkraft,
So stolz in Ruhe und bewegt so edel,
Wohl ist's ein Anblick, der Bewundrung schafft;
Drum Licht herbei! Und merke dir's, o Schädel!

Jedoch ein Weib, ein unverhülltes Weib —
Da wird dir's doch ganz anders, alter Junge.
Bewundrung zieht sich durch den ganzen Leib
Und greift mit Wonneschreck an Herz und Lunge.

Und plötzlich jagt das losgelaßne Blut
Durch alle Gassen, wie die Feuerreiter.
Der ganze Kerl ist eine helle Glut;
Er sieht nichts mehr und tappt nur noch so weiter.

Ich kam in diese Welt herein,
Mich baß zu amüsieren,
Ich wollte gern was Rechtes sein
Und mußte mich immer genieren.

Oft war ich hoffnungsvoll und froh,
Und später kam es doch nicht so.
Nun lauf ich manchen Donnerstag
Hienieden schon herummer,

Wie ich mich drehen und wenden mag,
's ist immer der alte Kummer.
Bald klopft vor Schmerz und bald vor Lust
Das rote Ding in meiner Brust.

Als er noch krause Locken trug,
War alles ihm zu dumm,
Stolziert daher und trank und schlug
Sich mit den Leuten herum.

Die hübschen Weiber schienen ihm
Ein recht beliebtes Spiel;
An Seraphim und Cherubim
Glaubt er nicht sonderlich viel.

Jetzt glaubt er, was der Pater glaubt,
Blickt nur noch niederwärts,
Hat etwas Haar am Hinterhaupt
Und ein verprömmeltes Herz.

Ich weiß noch, wie er in der Juppe
Als rauhbehaarte Bärenpuppe
Vor seinem vollen Humpen saß
Und hoch und heilig sich vermaß,
Nichts ginge über rechten Durst,
Und Lieb und Ehr wär gänzlich Wurst.

Darauf verging nicht lange Zeit,
Da sah ich ihn voll Seligkeit,
Gar schön gebürstet und gekämmt,
Im neuen Frack und reinem Hemd,
Aus Sankt Micheli Kirche kommen,
Allwo er sich ein Weib genommen.

Nun ist auch wohl, so wie mir scheint,
Die Zeit nicht ferne, wo er meint,
Daß so ein kleines Endchen Ehr
Im Knopfloch gar nicht übel wär.

Niemals

Wonach du sehnlich ausgeschaut,
Es wurde dir beschieden.
Du triumphierst und jubelst laut:
Jetzt hab ich endlich Frieden!

Ach, Freundchen, rede nicht so wild.
Bezähme deine Zunge.
Ein jeder Wunsch, wenn er erfüllt,
Kriegt augenblicklich Junge.

Gott ja, was gibt es doch für Narren!
Ein Bauer schneidet sich 'n Knarren
Vom trocknen Brot und kaut und kaut.
Dabei hat er hinaufgeschaut
Nach einer Wurst, die still und heiter
Im Rauche schwebt, dicht bei der Leiter.
Er denkt mit himmlischem Vergnügen:
Wenn ick man woll, ick könn di kriegen!

Die alte Sorge

Er kriegte Geld. Die Sorge wich,
Die ihn bisher beklommen.
Er hat die Jungfer Fröhlich sich
Zu seinem Schatz genommen.

Sie tranken Wein, sie aßen fein,
Sie sangen zum Klaviere;
Doch wie sie sich so recht erfreun,
Da klopft es an die Türe.

Die alte Sorge war's, o weh,
Die magerste der Sorgen.
Sie setzte sich ins Kanapee
Und wünschte guten Morgen.

Erneuerung

Die Mutter plagte ein Gedanke.
Sie kramt im alten Kleiderschranke,
Wo Kurz und Lang, obschon gedrängt,
Doch friedlich, beieinander hängt.

Auf einmal ruft sie: Ei sieh da,
Den Schwalbenschwanz, da ist er ja!

Den blauen, längst nicht mehr benützten,
Den hinten zwiefach zugespitzten,
Mit blanken Knöpfen schön geschmückt,
Der einst so manches Herz berückt,

Ihn trägt sie klug und überlegt
Dahin, wo sie zu schneidern pflegt,
Und trennt und wendet, näht und mißt,
Bis daß das Werk vollendet ist.

Auf die Art aus des Vaters Fracke
Kriegt Fritzchen eine neue Jacke.

Grad so behilft sich der Poet.
Du liebe Zeit, was soll er machen?
Gebraucht sind die Gedankensachen
Schon alle, seit die Welt besteht.

Zu gut gelebt

Frau Grete hatt' ein braves Huhn,
Das wußte seine Pflicht zu tun.
Es kratzte hinten, pickte vorn,
Fand hier ein Würmchen, da ein Korn,
Erhaschte Käfer, schnappte Fliegen
Und eilte dann mit viel Vergnügen
Zum stillen Nest, um hier geduldig
Das zu entrichten, was sie schuldig.
Fast täglich tönte sein Geschrei:
Viktoria, ein Ei, ein Ei!

Frau Grete denkt: O welch ein Segen,
Doch könnt es wohl noch besser legen.
Drum reicht sie ihm, es zu verlocken,
Oft extra noch die schönsten Brocken.

Dem Hühnchen war das angenehm.
Es putzt sich, macht es sich bequem,
Wird wohlbeleibt, ist nicht mehr rührig,
Und sein Geschäft erscheint ihm schwierig.
Kaum daß ihm noch mit Drang und Zwang
Mal hie und da ein Ei gelang.

Dies hat Frau Gretchen schwer bedrückt,
Besonders, wenn sie weiterblickt;
Denn wo kein Ei, da ist's vorbei
Mit Rührei und mit Kandisei.

Ein fettes Huhn legt wenig Eier.
Ganz ähnlich geht's dem Dichter Meier,
Der auch nicht viel mehr dichten kann,
Seit er das große Los gewann.

Glückspilz

Geboren ward er ohne Wehen
Bei Leuten, die mit Geld versehen.
Er schwänzt die Schule, lernt nicht viel,
Hat Glück bei Weibern und im Spiel,
Nimmt eine Frau sich, eine schöne,
Erzeugt mit ihr zwei kluge Söhne,
Hat Appetit, kriegt einen Bauch,
Und einen Orden kriegt er auch,
Und stirbt, nachdem er aufgespeichert
Ein paar Milliönchen, hochbetagt;
Obgleich ein jeder weiß und sagt:
Er war mit Dummerjan geräuchert!

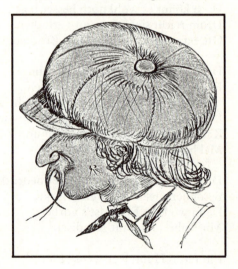

Ärgerlich

Aus der Mühle schaut der Müller,
Der so gerne mahlen will.
Stiller wird der Wind und stiller,
Und die Mühle stehet still.

So geht's immer, wie ich finde,
Rief der Müller voller Zorn.
Hat man Korn, so fehlt's am Winde,
Hat man Wind, so fehlt das Korn.

Peinlich berührt

Im Dorfe wohnt ein Vetter,
Der gut versichert war
Vor Brand und Hagelwetter
Nun schon im zehnten Jahr.

Doch nie seit dazumalen
Ist ein Malör passiert,
Und so für nichts zu zahlen,
Hat peinlich ihn berührt.

Jetzt, denkt er, überlasse
Dem Glück ich Feld und Haus.
Ich pfeife auf die Kasse.
Und schleunig trat er aus.

O weh, nach wenig Tagen
Da hieß es: Zapperment!
Der Weizen ist zerschlagen
Und Haus und Scheune brennt.

Ein Narr hat Glück in Masse,
Wer klug, hat selten Schwein.
Und schleunig in die Kasse
Trat er halt wieder ein.

Gedrungen

Schnell wachsende Keime
Welken geschwinde;
Zu lange Bäume
Brechen im Winde.

Schätz nach der Länge
Nicht das Entsprungne;
Fest im Gedränge
Steht das Gedrungne.

Von Selbst

Spare deine guten Lehren
Für den eigenen Genuß.
Kaum auch wirst du wen bekehren,
Zeigst du, wie man's machen muß.

Laß ihn im Galoppe tollen,
Reite ruhig deinen Trab.
Ein zu ungestümes Wollen
Wirft von selbst den Reiter ab.

Wie üblich

Suche nicht apart zu scheinen,
Wandle auf betretnen Wegen.
Meinst du, was die andern meinen,
Kommt man freundlich dir entgegen.

Mancher, auf dem Seitensteige,
Hat sich im Gebüsch verloren,
Und da schlugen ihm die Zweige
Links und rechts um seine Ohren.

Die Nachbarskinder

Wer andern gar zu wenig traut,
Hat Angst an allen Ecken;
Wer gar zu viel auf andre baut,
Erwacht mit Schrecken.

Es trennt sie nur ein leichter Zaun,
Die beiden Sorgengründer;
Zu wenig und zu viel Vertraun
Sind Nachbarskinder.

Der Narr

Er war nicht unbegabt. Die Geisteskräfte
Genügten für die laufenden Geschäfte.
Nur hat er die Marotte,
Er sei der Papst. Dies sagt er oft und gern
Für jedermann zum Ärgernis und Spotte,
Bis sie zuletzt ins Narrenhaus ihn sperrn.

Ein guter Freund, der ihn daselbst besuchte,
Fand ihn höchst aufgeregt. Er fluchte:
Zum Kuckuck, das ist doch zu dumm.
Ich soll ein Narr sein und weiß nicht warum.

Ja, sprach der Freund, so sind die Leute.
Man hat an einem Papst genug.
Du bist der zweite.
Das eben kann man nicht vertragen.
Hör zu, ich will dir mal was sagen:
Wer schweigt, ist klug.

Der Narr verstummt, als ob er überlege.
Der gute Freund ging leise seiner Wege.

Und schau, nach vierzehn Tagen grade
Da traf er ihn schon auf der Promenade.

Ei, rief der Freund, wo kommst du her?
Bist du denn jetzt der Papst nicht mehr?

Freund, sprach der Narr und lächelt schlau,
Du scheinst zur Neugier sehr geneigt.
Das, was wir sind, weiß ich genau.

Wir alle haben unsern Sparren,
Doch sagen tun es nur die Narren.
Der Weise schweigt.

Strebsam

Mein Sohn, hast du allhier auf Erden
Dir vorgenommen, was zu werden,

Sie nicht zu keck;

Und denkst du, sei ein stiller Denker.
Nicht leicht befördert wird der Stänker.
Mit Demut salbe deinen Rücken,
Voll Ehrfurcht hast du dich zu bücken,
Mußt heucheln, schmeicheln, mußt dich fügen;
Denn selbstverständlich nur durch Lügen

Kommst du vom Fleck.

O tu's mit Eifer, tu's geduldig,
Bedenk, was du dir selber schuldig.
Das Gönnerherz wird sich erweichen,
Und wohl verdient wirst du erreichen

Den guten Zweck.

Bewaffneter Friede

Ganz unverhofft, an einem Hügel,
Sind sich begegnet Fuchs und Igel.

Halt, rief der Fuchs, du Bösewicht!
Kennst du des Königs Ordre nicht?
Ist nicht der Friede längst verkündigt,
Und weißt du nicht, daß jeder sündigt,
Der immer noch gerüstet geht?
Im Namen seiner Majestät
Geh her und übergib dein Fell.

Der Igel sprach: Nur nicht so schnell.
Laß dir erst deine Zähne brechen,
Dann wollen wir uns weiter sprechen!

Und allsogleich macht er sich rund,
Schließt seinen dichten Stachelbund
Und trotzt getrost der ganzen Welt
Bewaffnet, doch als Friedensheld.

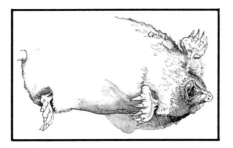

Die Teilung

Es hat einmal, so wird gesagt,
Der Löwe mit dem Wolf gejagt.
Da haben sie vereint erlegt
Ein Wildschwein stark und gut gepflegt.

Doch als es ans Verteilen ging,
Dünkt das dem Wolf ein mißlich Ding.

Der Löwe sprach: Was grübelst du?
Glaubst du, es geht nicht redlich zu?
Dort kommt der Fuchs, er mag entscheiden,
Was jedem zukommt von uns beiden.

Gut, sagt der Wolf, dem solch ein Freund
Als Richter gar nicht übel scheint.

Der Löwe winkt dem Fuchs sogleich:
Herr Doktor, da ist was für Euch.
Hier dieses jüngst erlegte Schwein,
Bedenkt es wohl, ist mein und sein.
Ich faßt es vorn, er griff es hinten;
Jetzt teilt es uns, doch ohne Finten.

Der Fuchs war ein Jurist von Fach.
Sehr einfach, spricht er, liegt die Sach.
Das Vorderteil, ob viel ob wenig,
Erhält mit Fug und Recht der König.
Dir aber, Vetter Isegrim,
Gebührt das Hinterteil. Da nimm!

Bei diesem Wort trennt er genau
Das Schwänzlein hinten von der Sau.
Indes der Wolf verschmäht die Beute,
Verneigt sich kurz und geht beiseite.

Fuchs, sprach der Löwe, bleibt bei mir.
Von heut an seid ihr Großvezier.

Frisch gewagt

Es kamen mal zwei Knaben
An einen breiten Graben.
Der erste sprang hinüber,
Schlankweg je eh'r je lieber.
War das nicht keck?
Der zweite, fein besonnen,
Eh er das Werk begonnen,
Sprang in den Dreck.

Dunkle Zukunft

Fritz, der mal wieder schrecklich träge,
Vermutet, heute gibt es Schläge,
Und knöpft zur Abwehr der Attacke
Ein Buch sich unter seine Jacke,
Weil er sich in dem Glauben wiegt,
Daß er was auf den Buckel kriegt.

Die Schläge trafen richtig ein.
Der Lehrer meint es gut. Allein
Die Gabe wird für heut gespendet
Mehr unten, wo die Jacke endet,
Wo Fritz nur äußerst leicht bekleidet
Und darum ganz besonders leidet.

Ach, daß der Mensch so häufig irrt
Und nie recht weiß, was kommen wird!

Drum

Wie dunkel ist der Lebenspfad,
Den wir zu wandeln pflegen.
Wie gut ist da ein Apparat
Zum Denken und Erwägen.

Der Menschenkopf ist voller List
Und voll der schönsten Kniffe;
Er weiß, wo was zu kriegen ist
Und lehrt die rechten Griffe.

Und weil er sich so nützlich macht,
Behält ihn jeder gerne.
Wer stehlen will, und zwar bei Nacht,
Braucht eine Diebslaterne.

Beschränkt

Halt dein Rößlein nur im Zügel,
Kommst ja doch nicht allzuweit.
Hinter jedem neuen Hügel
Dehnt sich die Unendlichkeit.
Nenne niemand dumm und säumig,
Der das Nächste recht bedenkt.
Ach, die Welt ist so geräumig.
Und der Kopf ist so beschränkt.

Es wohnen die hohen Gedanken
In einem hohen Haus.
Ich klopfte, doch immer hieß es:
Die Herrschaft fuhr eben aus!

Nun klopf ich ganz bescheiden
Bei kleineren Leuten an.
Ein Stückel Brot, ein Groschen
Ernähren auch ihren Mann.

Vergeblich

Schon recht. Du willst als Philosoph
Die Wahrheit dir gewinnen;
Du machst mit Worten ihr den Hof,
Um so sie einzuspinnen.

Nur sage nicht, daß zwischen dir
Und ihr schon alles richtig.
Sie ist und bleibt, das wissen wir,
Jungfräulich, keusch und züchtig.

Beruhigt

Zwei mal zwei gleich vier ist Wahrheit.
Schade, daß sie leicht und leer ist,
Denn ich wollte lieber Klarheit
Über das, was voll und schwer ist.

Emsig sucht ich aufzufinden,
Was im tiefsten Grunde wurzelt,
Lief umher nach allen Winden
Und bin oft dabei gepurzelt.

Endlich baut ich eine Hütte.
Still nun zwischen ihren Wänden
Sitz ich in der Welten Mitte,
Unbekümmert um die Enden.

Glaube

Stark in Glauben und Vertrauen,
Von der Burg mit festen Türmen
Kannst du dreist herniederschauen,
Keiner wird sie je erstürmen.

Laß sie graben, laß sie schanzen,
Stolze Ritter, grobe Bauern,
Ihre Flegel, ihre Lanzen
Prallen ab von deinen Mauern.

Aber hüte dich vor Zügen
In die Herrschaft des Verstandes,
Denn sogleich sollst du dich fügen
Den Gesetzen seines Landes.

Bald umringen dich die Haufen,
Und sie ziehen dich vom Rosse,
Und du mußt zu Fuße laufen
Schleunig heim nach deinem Schlosse.

Oben und unten

Daß der Kopf die Welt beherrsche,
Wär zu wünschen und zu loben.
Längst vor Gründen wär die närr'sche
Gaukelei in Nichts zerstoben.

Aber wurzelhaft natürlich
Herrscht der Magen nebst Genossen,
Und so treibt, was unwillkürlich,
Täglich tausend neue Sprossen.

Verstand und Leidenschaft

Es ist ein recht beliebter Bau.
Wer wollte ihn nicht loben?
Drin wohnt ein Mann mit seiner Frau,
Sie unten und er oben.

Er, als ein schlaugewiegter Mann,
Hält viel auf weise Lehren,
Sie, ungestüm und drauf und dran,
Tut das, was ihr Begehren.

Sie läßt ihn reden und begeht,
Blind, wie sie ist, viel Wüstes,
Und bringt sie das in Schwulität,
Na, sagt er kühl, da siehst es.

Vereinen sich jedoch die zwei
Zu traulichem Verbande,
Dann kommt die schönste Lumperei
Hübsch regelrecht zustande.

So geht's in diesem Hause her.
Man möchte fast erschrecken.
Auch ist's beweglich, aber mehr
Noch als das Haus der Schnecken.

Laß ihn

Er ist verliebt, laß ihn gewähren,
Bekümmre dich um dein Pläsier,
Und kommst du gar, ihn zu bekehren,
Wirft er dich sicher vor die Tür.

Mit Gründen ist da nichts zu machen.
Was einer mag, ist seine Sach,
Denn kurz gesagt: In Herzenssachen
Geht jeder seiner Nase nach.

Höchste Instanz

Was er liebt, ist keinem fraglich;
Triumphierend und behaglich
Nimmt es seine Seele ein
Und befiehlt: So soll es sein.

Suche nie, wo dies geschehen,
Widersprechend vorzugehen,
Sintemalen im Gemüt
Schon die höchste Macht entschied.

Ungestört in ihren Lauben
Laß die Liebe, laß den Glauben,
Der, wenn man es recht ermißt,
Auch nur lauter Liebe ist.

Der Knoten

Als ich in Jugendtagen
Noch ohne Grübelei,
Da meint ich mit Behagen,
Mein Denken wäre frei.

Seitdem hab ich die Stirne
Oft auf die Hand gestützt
Und fand, daß im Gehirne
Ein harter Knoten sitzt.

Mein Stolz der wurde kleiner.
Ich merkte mit Verdruß:
Es kann doch unsereiner
Nur denken, wie er muß.

Zauberschwestern

Zwiefach sind die Phantasien,
Sind ein Zauberschwesternpaar,
Sie erscheinen, singen, fliehen
Wesenlos und wunderbar.

Eine ist die himmelblaue,
Die uns froh entgegenlacht,
Doch die andre ist die graue,
Welche angst und bange macht.

Jene singt von lauter Rosen,
Singt von Liebe und Genuß;
Diese stürzt den Hoffnungslosen
Von der Brücke in den Fluß.

Der Kobold

In einem Häuschen sozusagen —
(Den ersten Stock bewohnt der Magen)
In einem Häuschen war's nicht richtig.
Darinnen spukt und tobte tüchtig
Ein Kobold, wie ein wildes Bübchen,
Vom Keller bis zum Oberstübchen.
Fürwahr, es war ein bös Getös.
Der Hausherr wird zuletzt nervös,
Und als ein desperater Mann
Steckt er kurzweg sein Häuschen an
Und baut ein Haus sich anderswo
Und meint, da ging es ihm nicht so.
Allein, da sieht er sich betrogen.
Der Kobold ist mit umgezogen
Und macht Spektakel und Rumor
Viel ärger noch als wie zuvor.
Ha, rief der Mann, wer bist du, sprich.
Der Kobold lacht: Ich bin dein Ich.

Unfrei

Ganz richtig, diese Welt ist nichtig.
Auch du, der in Person erscheint,
Bist ebenfalls nicht gar so wichtig,
Wie deine Eitelkeit vermeint.

Was hilft es dir, damit zu prahlen,
Daß du ein freies Menschenkind?
Mußt du nicht pünktlich Steuern zahlen,
Obwohl sie dir zuwider sind?

Wärst du vielleicht auch, sozusagen,
Erhaben über gut und schlecht,
Trotzdem behandelt dich dein Magen
Als ganz gemeinen Futterknecht.

Lang bleibst du überhaupt nicht munter.
Das Alter kommt und zieht dich krumm
Und stößt dich rücksichtslos hinunter
Ins dunkle Sammelsurium.

Daselbst umfängt dich das Gewimmel
Der Unsichtbaren, wie zuerst,
Eh du erschienst, und nur der Himmel
Weiß, ob und wann du wiederkehrst.

Zwei Jungfern

Zwei Jungfern gibt es in Dorf und Stadt,
Sie leben beständig im Kriege,
Die Wahrheit, die niemand gerne hat,
Und die scharmante Lüge.

Vor jener, weil sie stolz und prüd
Und voll moralischer Nücken,
Sucht jeder, der sie nur kommen sieht,
Sich schleunigst wegzudrücken.

Die andre, obwohl ihr nicht zu traun,
Wird täglich beliebter und kecker,
Und wenn wir sie von hinten beschaun,
So hat sie einen Höcker.

Ja Ja!

Ein weißes Kätzchen, voller Schliche,
Ging heimlich, weil es gerne schleckt,
Des Abends in die Nachbarküche,
Wo man es leider bald entdeckt.

Mit Besen und mit Feuerzangen
Gejagt in alle Ecken ward's.
Es fuhr zuletzt voll Todesbangen
Zum Schlot hinaus und wurde schwarz.

Ja, siehst du wohl, mein liebes Herze?
Wer schlecken will, was ihm gefällt,
Der kommt nicht ohne Schmutz und Schwärze
Hinaus aus dieser bösen Welt.

Sahst du das wunderbare Bild von Brouwer?
Es zieht dich an, wie ein Magnet,
Du lächelst wohl, derweil ein Schreckensschauer
Durch deine Wirbelsäule geht.

Ein kühler Dokter öffnet einem Manne
Die Schwäre hinten im Genick;
Daneben steht ein Weib mit einer Kanne,
Vertieft in dieses Mißgeschick.

Ja, alter Freund, wir haben unsre Schwäre
Meist hinten. Und voll Seelenruh
Drückt sie ein andrer auf. Es rinnt die Zähre,
Und fremde Leute sehen zu.

Ich saß vergnüglich bei dem Wein
Und schenkte eben wieder ein.
Auf einmal fuhr mir in die Zeh
Ein sonderbar pikantes Weh.
Ich schob mein Glas sogleich beiseit
Und hinkte in die Einsamkeit
Und wußte, was ich nicht gewußt:
Der Schmerz ist Herr und Sklavin ist die Lust.

Sehnsucht

Schon viel zu lang
Hab ich der Bosheit mich ergeben.
Ich lasse töten, um zu leben,
Und bös macht bang.

Denn niemals ruht
Die Stimme in des Herzens Tiefe,
Als ob es zärtlich klagend riefe:
Sei wieder gut.

Und frisch vom Baum
Den allerschönsten Apfel brach ich.
Ich biß hinein, und seufzend sprach ich,
Wie halb im Traum:

Du erstes Glück,
Du alter Paradiesesfrieden,
Da noch kein Lamm den Wolf gemieden,
O komm zurück!

Sehr tadelnswert ist unser Tun,
Wir sind nicht brav und bieder. —
Gesetzt den Fall, es käme nun
Die Sündflut noch mal wieder.

Das wär ein Zappeln und Geschreck!
Wir tauchten alle unter;
Dann kröchen wir wieder aus dem Dreck
Und wären, wie sonst, recht munter.

Nicht artig

Man ist ja von Natur kein Engel,
Vielmehr ein Welt- und Menschenkind,
Und rings umher ist ein Gedrängel
Von solchen, die dasselbe sind.

In diesem Reich geborner Flegel,
Wer könnte sich des Lebens freun,
Würd es versäumt, schon früh die Regel
Der Rücksicht kräftig einzubleun.

Es saust der Stock, es schwirrt die Rute.
Du darfst nicht zeigen, was du bist.
Wie schad, o Mensch, daß dir das Gute
Im Grunde so zuwider ist.

Unverbesserlich

Wer Bildung hat, der ist empört,
Wenn er so schrecklich fluchen hört.

Dies »Nasowolltich«, dies »Parblö«,
Dies ewige »Ojemine«,
Dies »Eipotztausendnocheinmal«,
Ist das nicht eine Ohrenqual?
Und gar »Daßdichdasmäusleinbeiß«,
Da wird mir's immer kalt und heiß.

Wie oft wohl sag ich: Es ist häßlich,
Ist unanständig, roh und gräßlich.
Ich bitt und flehe: Laßt es sein,
Denn es ist sündlich. Aber nein,
Vergebens ring ich meine Hände,
Die Flucherei nimmt doch kein Ende.

Der Asket

Im Hochgebirg vor seiner Höhle
Saß der Asket;
Nur noch ein Rest von Leib und Seele
Infolge äußerster Diät.

Demütig ihm zu Füßen kniet
Ein Jüngling, der sich längst bemüht,
Des strengen Büßers strenge Lehren
Nachdenklich prüfend anzuhören.
Grad schließt der Klausner den Sermon
Und spricht: Bekehre dich, mein Sohn.
Verlaß das böse Weltgetriebe.
Vor allem unterlaß die Liebe,
Denn grade sie erweckt aufs neue
Das Leben und mit ihm die Reue.
Da schau mich an. Ich bin so leicht,
Fast hab ich schon das Nichts erreicht,
Und bald verschwind ich in das reine
Zeit-, raum- und traumlos Allundeine.

Als so der Meister in Ekstase,
Sticht ihn ein Bienchen in die Nase.
Oh, welch ein Schrei!
Und dann das Mienenspiel dabei.

Der Jüngling stutzt und ruft: Was seh ich?
Wer solchermaßen leidensfähig,
Wer so gefühlvoll und empfindlich,
Der, fürcht ich, lebt noch viel zu gründlich
Und stirbt noch nicht zum letzten Mal.

Mit diesem kühlen Wort empfahl
Der Jüngling sich und stieg hernieder
Ins tiefe Tal und kam nicht wieder.

Wärst du wirklich so ein rechter
Und wahrhaftiger Asket,
So ein Welt- und Kostverächter
Der bis an die Wurzel geht;

Dem des Goldes freundlich Blinken,
Dem die Liebe eine Last,
Der das Essen und das Trinken,
Der des Ruhmes Kränze haßt —

Das Gekratze und Gejucke,
Aller Jammer hörte auf;
Kracks! mit einem einz'gen Rucke
Hemmtest du den Weltenlauf.

Unbillig

Nahmst du in diesem großen Haus
Nicht selbst Quartier?
Mißfällt es dir, so zieh doch aus.
Wer hält dich hier?

Und schimpfe auf die Welt, mein Sohn,
Nicht gar zu laut.
Eh du geboren, hast du schon
Mit dran gebaut.

Die Welt

Es geht ja leider nur soso
Hier auf der Welt, sprach Salomo.
Dies war verzeihlich. Das Geschnatter
Von tausend Frauen, denn die hatt er,
Macht auch den Besten ungerecht.
Uns aber geht es nicht so schlecht.
Wer, wie es Brauch in unsern Tagen,
Nur eine hat, der soll nicht sagen
Und klagen, was doch mancher tut:
Ich bin für diese Welt zu gut.

Selbst, wem es fehlt an dieser einen,
Der braucht darob nicht gleich zu weinen
Und sich kopfüber zu ertränken.
Er hat, das mag er wohl bedenken,
Am Weltgebäude mitgezimmert
Und allerlei daran verschlimmert.
Und wenn er so in sich gegangen,
Gewissenhaft und unbefangen,
Dann kusch er sich und denke froh:
Gottlob, ich bin kein Salomo;
Die Welt, obgleich sie wunderlich,
Ist mehr als gut genug für mich.

Das Blut

Wie ein Kranker, den das Fieber
Heiß gemacht und aufgeregt,
Sich herüber und hinüber
Auf die andre Seite legt —

So die Welt. Vor Haß und Hader
Hat sie niemals noch geruht.
Immerfort durch jede Ader
Tobt das alte Sünderblut.

Ich meine doch, so sprach er mal,
Die Welt ist recht pläsierlich.
Das dumme Geschwätz von Schmerz und Qual
Erscheint mir ganz ungebührlich.

Mit reinem kindlichen Gemüt
Genieß ich, was mir beschieden,
Und durch mein ganzes Wesen zieht
Ein himmlischer Seelenfrieden. —

Kaum hat er diesen Spruch getan,
Aujau! so schreit er kläglich.
Der alte hohle Backenzahn
Wird wieder mal unerträglich.

Also hat es dir gefallen
Hier in dieser schönen Welt;
So daß das Vondannenwallen
Dir nicht sonderlich gefällt.

Laß dich das doch nicht verdrießen.
Wenn du wirklich willst und meinst,
Wirst du wieder aufersprießen;
Nur nicht ganz genau wie einst.

Aber, Alter, das bedenke,
Daß es hier noch manches gibt,
Zum Exempel Gicht und Ränke,
Was im ganzen unbeliebt.

Gründer

Geschäftig sind die Menschenkinder,
Die große Zunft von kleinen Meistern,
Als Mitbegründer, Miterfinder
Sich diese Welt zurechtzukleistern.

Nur leider kann man sich nicht einen,
Wie man das Ding am besten mache.
Das Bauen mit belebten Steinen
Ist eine höchst verzwickte Sache.

Welch ein Gedrängel und Getriebe
Von Lieb und Haß bei Nacht und Tage,
Und unaufhörlich setzt es Hiebe,
Und unaufhörlich tönt die Klage.

Gottlob, es gibt auch stille Leute,
Die meiden dies Gewühl und hassen's
Und bauen auf der andern Seite
Sich eine Welt des Unterlassens.

Haß, als minus und vergebens,
Wird vom Leben abgeschrieben.
Positiv im Buch des Lebens
Steht verzeichnet nur das Lieben.
Ob ein Minus oder Plus
Uns verblieben, zeigt der Schluß.

Busch als Kritiker
Eine lebensgeschichtliche Analyse

Wilhelm Busch — wohl kaum ein anderer Name erweckt so uneinheitliche Vorstellungen, und kaum ein anderer mag tatsächlich so unvermeidlich zu verschieden gearteten Assoziationen Veranlassung geben. Käme nun aber einer, würde den Kopf und den Zeigefinger schütteln und einwenden: Mitnichten, das Gegenteil trifft zu, kaum ein anderer Name ist so von einseitigen, klischeehaften Denkschablonen bestimmt... was bliebe übrig, als ihm, ohne inneren Vorbehalt, beizupflichten und ihm zu versichern, daß er natürlich auch recht habe?

Womit wir denn bereits nach zwei Sätzen mitten in eine unfreundliche Beklemmung geraten sind. Eine Behauptung und ihr Gegenteil kann, seit Aristoteles hat man sich darauf geeinigt, nicht gleichzeitig wahr sein. Was trifft nun zu, das Eine oder das Andere? Eine unbehagliche intellektuelle Situation. Versuchen wir also, mit der Verstocktheit des Eigensinnigen die Denkgesetze zu respektieren bereit, das kontradiktorische Unbehagen zu bewältigen.

Blicken wir ein wenig zurück. Seit ziemlich genau hundert Jahren ist Busch das, was man berühmt nennt, — das heißt: berühmt schon, ja... aber... eigentlich ist Ruhm doch etwas anderes, etwas ehrfurchtvoll Lorbeerbekränztes... sagen wir lieber, er ist bekannt, er ist ein Begriff seither. Ein Begriff für jung und alt. Damit ist nun alles gesagt und doch auch wieder — nichts.

Umschreiben wir also näher, wie es war. Er hatte einen Namen, man war mit ihm vertraut, man schätzte, bewunderte, zitierte ihn, — das heißt: schon, ja... aber uneingeschränkt gilt das nicht, allenfalls für die Niederungen des tumben Volks, auf der Menschheit lichten Höhen war man über ihn erhaben. Man bekannte sich keineswegs allenthalben zu ihm. Im Schulunterricht fand er lediglich als attisches Salz, denselben zu würzen bestimmt, gelegentliche Verwendung, in tonangebenden Fräulein-Instituten sah man geflissentlich über ihn hinweg, und für die zuständigen Würdenträger der Wissenschaftshierarchie war er Trivialliteratur.

Demnach wäre er volkstümlich. Wer Bildung hat, sagt populär. Bleiben wir bei volkstümlich. Aber das ist auch wieder so eine Sache: uneingeschränkt volkstümlich war er nämlich keineswegs, der Konfessionshader verhinderte dies. Und andererseits waren die Grenzen auch wieder fließend. Exzellenzen wie Bismarck waren ihm von Herzen zugetan, Meister der Sprache haben sich an ihm geschult und betont exklusive Kreise ihn stillschweigend als einen der ihren anerkannt.

Wirft man einen hinlänglich scharfen Blick auf den undurchsichtigen Mann, auf seinen Lebensweg, auf das, was er gemacht und was er unterlassen hat, so kommt man, sofern man ausreichend mit den berühmten Informationen versehen ist, zu einem ungemein mißlichen Ergebnis: das Kontradiktorische, auf das wir gleich eingangs gestoßen sind, ist nicht nur nicht auflösbar, es ist beispielhaft. Den Namen Busch nennen heißt: sich in Widersprüche verwickeln. Man mag ansetzen, wo immer man will, man greift in die pralle Fülle von Gegensätzlichkeiten, von sich berührenden Extremen. Einigen wir uns am besten schon jetzt über folgenden unbequemen Sachverhalt: Was man auch immer über Wilhelm Busch sage, — wenn es stimmt, ist das Gegenteil gewiß ebenso richtig.

Kaum jemandem von all denen, die Bleibendes zu schaffen berufen waren, ist so schwer mit Worten beizukommen wie ihm. Die zuhandenen Begriffe, mit Heidegger zu reden, führen auf Holzwege, die im Unbegehbaren enden. Wesen und Werk ist mit den gegebenen Sprachmitteln nirgends recht in den Griff

zu bekommen. Der Max-und-Moritz-Mann fügt sich nirgends in das Gewohnte, Geläufige, Rubrizierbare. Er paßt in keinen der Konfektionsanzüge vorgefertigter Semanteme, — darüber sind sich alle, die genau hinsehn, einig. Wer wollte sagen, er sei wirklich den Großen zuzurechnen? Und wer könnte behaupten, daß er klein sei und unbedeutend? Und wenn der bis ins hohe Alter ausgesprochen schlanke Mann, der sich in den Pubertätsjahren den Beinamen ›der dicke Vetter‹ gefallen lassen mußte, auch kerzengerade gewachsen scheint, — bei genauerer Betrachtung entdeckt man: für die gierig nach Verformungen spähenden Psychoanalytiker eigentlich ein gefundenes Fressen...
Sollte hier nun jemand aufstehn, nach dem nunmehr (zumindest auf der Leinwand, die die Welt bedeutet) allgemein üblichen Colt greifen und empört rufen: Mein Herr, seien Sie vorsichtig, ich bin mit ihm befreundet... nun, nur ruhig Blut, gehen wir zusammen nach Wiedensahl, diesem kleinen, sichtlich abseits von den pulsierenden Lebensadern der Welt gelegenen Allerweltsnest in der einförmigen Norddeutschen Tiefebene. Von ihm sich innerlich abzusetzen, was so viel heißt wie abzunabeln, ist dem menschenscheuen Sonderling nie gelungen. Sagt das nicht genug?
Freilich, man kann auch hier wieder einwenden, von Menschenscheu und Sonderling und Seßhaftigkeit könne keine Rede sein... Busch sei mehr unterwegs gewesen als in dem einsamen Pfarrwitwenhaus, er habe selbst gesagt, er streune so herum; wenn er nicht gerade wieder einmal in München oder Frankfurt gewesen sei, dann auf Familienrundreise oder bei Freunden zu Gast... man werde den Verdacht nicht los, die Bahn müsse ihm ein lebenslängliches Generalabonnement geschenkt haben.
Nun, des Widersprüchlichen ist übergenug, wir sagten es bereits. Aber was heißt das: des Widersprüchlichen? Sind das nicht allemal auch innere Widersprüche, intentional entgegengesetzte Strebungen, die nie ausgetragen

wurden und solcherart als eine unsagbare Gegensatzspannung transparent werden? Und wie sind sie zu verstehen? — Dazu müssen wir zunächst die vielleicht allzu einfach scheinende, wie wir sehen werden jedoch lebensgeschichtlich elementar wichtige Frage stellen: was war Busch eigentlich? Maler, Dichter, Denker, Humorist? Vertreter der Künstler-Halbwelt oder ehrsamer Pfarrhausbewohner? Kinderbuchverfasser, Bänkelsänger und Bilderpossenreißer oder frommer, der Weltweisheit aller Zeiten und der Königin Metaphysik verbundener Eremit? Ein Gescheiterter oder ein Mensch beispiellosen Erfolgs?

Eben, die Antwort ist allemal: sowohl als auch und weder noch. Er war in den Extremen zu Hause und damit — nirgends. Denn er war, obgleich der einzige schwerpunktlos zweigleisig schöpferisch tätige Mensch, alles andere als ein Tausendsassa. Doch bleiben wir bei der Frage. Sie ist zu beantworten, aber nur mit einer negativen Feststellung: er war kein Maler...

Das mag schockierend banal klingen, ist jedoch der Schlüssel zum Verständnis der Lebensproblematik, und von einer solchen zu reden trägt der Kundige schwerlich Bedenken. Sie kulminiert in dieser allzuschlichten, ohne Kommentar vermutlich belanglos scheinenden Aussage. Freilich, wir wollen nicht wissen, was er nicht war, sondern was er war, aber eben dies erschließt sich erst von der Verfehlung eines Lebensentwurfs her. Setzen wir also hier an und werfen wir einen überschauenden Blick auf den Werdegang.

Denken wir uns einen Ältesten von sieben Geschwistern. Aufgeweckt, offensichtlich begabt, musterhaft fleißig und strebsam. Die Dorfschule bietet zu wenig für das, was seine Anlagen versprechen, und der Bruder der Mutter nimmt den Neunjährigen zu sich auf seinen Pfarrhof in der Nähe von Göttingen, um ihn zu erziehen und zu unterrichten. Sechs Jahre später kehrt er nach Hause zurück, und der Vater, als Krämer

in bescheidenen ländlichen Verhältnissen eben zurechtkommend, schickt den Fünfzehnjährigen nach Hannover auf die Polytechnische Schule. Der intelligente Junge sollte Maschinenbauer werden. Er wurde auch angenommen, der Onkel Pastor hatte ihm genügend mitgegeben an Grundkenntnissen und Elementarwissen. Dreieinhalb Jahre bemüht er sich dort redlich, dann gibt er es auf. Das ist nichts für ihn.
Er verläßt eigenmächtig das Polytechnikum, erscheint eines Tages zu Hause und setzt es durch, daß er seinen Neigungen folgen und einen anderen Beruf erlernen darf: er will Maler werden.
Mit zwei Hannoveraner Freunden und kärglichen Barmitteln bezieht der Neunzehnjährige die Kunstakademie in Düsseldorf. Es war die nächstgelegene und sie hatte einen guten Namen. Daß sie ihren Ruf längst überlebt hatte, — woher sollte der bäuerliche Pfarrhauszögling das wissen? Und wie sollte er ahnen, daß sie seiner Eigenart am wenigsten entsprach? Man denke sich: der phrasenlose, unpathetisch-kleinformatige, jedes Als-ob durchschauende und verachtende Busch inmitten des blutleeren epigonalen Manierismus einer vom ultramontanen Nazarenertum verfremdeten Malerschule ... ein Jahr hält er es aus, dann nimmt er einen neuen Anlauf. Er geht, mit noch knapperen Barmitteln und der achselzuckenden väterlichen Resignation versehen, nach Antwerpen an die Königliche Akademie der schönen Künste.
Die Begegnung mit den alten Niederländern, zu deren bäuerlich derber, unmanirierter Echtheit er sich hingezogen gefühlt hatte, begeistert und lähmt ihn zugleich. Zum Maßstab wird ihm die schmissig-gekonnte, jeden Pinselstrich wie einen Säbelhieb hinsetzende Meisterschaft des Frans Hals. Vor ihm fühlt er sich klein, er verzagt. Und dann: das war das ihm Gemäße, aber es war Vergangenheit, kein Weg in die vor ihm, dem Zwanzigjährigen, liegende Zukunft. Ein Jahr,

dann gibt ihm eine ernste Erkrankung die willkommene Veranlassung zur Heimkehr. Er treibt sich ratlos zu Hause herum, geht wie im Nebel, zweifelt an seiner Maler-Bestimmung. Erst nach anderthalb Jahren ist ihm aus der heimatlichen Erde wieder so viel Kraft zugeflossen, daß er einen dritten Versuch wagt: er geht nach München, an die dortige Königliche Akademie der Künste, die vielgerühmte.

Hier nun begegnet er einer planlosen Richtungslosigkeit, die ihn vollends verwirrt. Er sieht sich zwischen die Zeiten gestellt: das klassizistisch-romantische Biedermeier war unbemerkt zu Grabe getragen, der impressionistische Naturalismus noch nicht geboren. Auch hier muß er scheitern. Nicht weil er nicht das Zeug zum Maler gehabt hätte, — daß er es hatte, zeigte sich später deutlich genug. Sondern weil er schärfere Augen hat als Andere und begreift: im Vorgegebenen kann er den ihm gemäßen Malstil nicht finden, das Werdende aber wartet noch, im Schoß der Zeit verborgen ruhend, darauf, ausgetragen zu werden. Er stürzt sich in Zerstreuungen, kneipt mehr als er malt, karikiert mit sicheren Strichen die Zechbrüder, sieht zu, wartet, hofft.

Inzwischen ist er fünfundzwanzig geworden. Er ist gescheitert. Immer wieder kehrt er, so schwer es ihm wird, für Wochen und Monate ins Elternhaus zurück, wo der Vater, duldsam, doch aus einer anderen Welt, seinen Ältesten kopfschüttelnd zu begreifen sucht. Oder er flüchtet zu dem Onkel Pastor, dem bienenkundigen Beobachter, der ihn einst unterrichtet und ins Leben eingeführt hatte. Schließlich bleibt er zwei Jahre in der Heimat, skizziert, sammelt niederdeutsche Märchen, die er illustrieren will, vergräbt sich in alte Chroniken, spielt mit dem Gedanken, als Bienenzüchter nach Brasilien auszuwandern.

Dann sucht er in München wieder den Anschluß an die Welt, wird dabei aber immer verschlossener, scheuer,

mutloser oft auch, überspielt die quälende Zukunftlosigkeit mit Späßen und allerlei imponierenden Schnurrpfeifereien. Es gehört schon ein eisenharter niedersächsischer Dickschädel dazu, nun sich selbst treu zu bleiben und nicht an sich irre zu werden. Was soll weiter werden mit ihm, dem Vorbild für die vier jüngeren Brüder, auf den die Eltern und der Onkel einst berechtigte Hoffnungen gesetzt hatten?
Hier müssen wir einen Augenblick innehalten. Es gilt von hier, von dieser kläglichen Situation aus, in das noch immer offene, noch immer unentschiedene Leben hineinzusehen. Nur von hier aus erschließt sich der Zugang zu ihm. Natürlich, wir wissen: nur keine Sorge, es kommt schon alles gut. Aber hinterher hat man leicht klüger sein. Man weiß ja, wie es ausging. Busch jedoch wußte damals eben nicht, wie es ausgehen würde, und hatte wahrhaftig allen Grund, vor dem Kommenden zu zittern.
Und das jahrelang. Denn auch die ›Erwerbstätigkeit‹, die nun folgt, wird von posthum mildtätigen Bewunderern meist in ihrer Unrühmlichkeit verkannt. Mit Bilderpossen als Beiträge für die in München von seinem Freund Kaspar Braun herausgegebenen ›Fliegenden Blätter‹ hält er sich mühsam finanziell über Wasser. Er spricht selbst später von Hungerprodukten, von Produkten des drängenden Nahrungstriebes. So hat er es gesehen, und wir sollten es doch vielleicht lieber nicht besser wissen wollen. Das war alles andere als der erhoffte Maler-Lorbeer. Es lag ihm aber und ermöglichte es ihm, unabhängig zu bleiben vom offiziellen akademischen Kunstbetrieb.
Nach und nach fand er sich darein, auf dem Jahrmarkt des Lebens als Bänkelsänger mit Volksbelustigungen seinen bescheidenen Unterhalt zu verdienen. Und mählich gewöhnte er, der nicht aus Unfähigkeit, sondern aus Klarsichtigkeit gescheitert war, sich an sein Statussymbol: die dreizipflige Kappe, wie sie denen, die da

Narrenpossen treiben, vom Gesetze vorgeschrieben. Mehr und mehr wurde sie dem innerlich im Verzicht auf eine halbwegs respektable gesellschaftliche Stellung Verblutenden zur gewohnten Kopfbedeckung, die er schließlich immer, wenn er das Haus verließ und in die Öffentlichkeit trat, mit reflektorisch selbstverständlichem Griff vom Haken nahm. Auch und gerade als er dann, er war nun bereits Anfang Dreißig, mit ›Max und Moritz‹ zu seiner gültigen Form gefunden hatte und, wohlbemerkt als Kinderbuch-Mann, in breiteren Volkskreisen bekannt und bald zur legendären Figur geworden, war.

Man hat sich zu Buschs Lebzeiten schon, und erst recht rückblickend, gewundert und wieder und wieder kopfschüttelnd gefragt: warum hat er bloß nicht gemalt? Noch dreimal hat er später, mit einflußreichen Malern eng befreundet und finanziell dazu in der Lage, einen Anlauf genommen: erst in Frankfurt, dann in München und schließlich beim Bruder in Wolfenbüttel. Aber es blieb immer bei Ölskizzen, die er unfertig wegwarf oder liegenließ. Nie hat er ein Bild fertiggemalt, ausgestellt oder verkauft.

Daß er als Kunstsäugling nicht die ihm bekömmliche Nahrung gefunden hatte, daß er später nicht auf Gleichgesinnte gestoßen war und daß er keinen ihm gemäßen Malstil vorfand, das ist natürlich nur die eine Seite. Gewichtiger noch ist die andere, die subjektive. Letzten Endes liegt die Welt in uns und damit das Problem tiefer. Wir werden die Dinge also von den besonderen menschlichen Voraussetzungen her sehen müssen, von den vorgegebenen seelischen Bedingungen. Und da zeigt sich denn: Busch konnte einfach deshalb nicht zum Maler ausreifen, weil er keiner war. Dies aber nicht im Sinne des Zuwenig, sondern des Zuviel: weil er mehr war als nur Maler. Weil er, obgleich ganz Augenmensch und Bild-Seher mit einer geradezu hypertrophisch entwickelten Gabe des Sehens, im rein statisch visuellen Seh-Erlebnis nicht Genüge fand. Er erfaßte die Welt der Sehdinge vierdimensional, als Sein in der Zeit, als Geschehen. Alles Gesehene war ihm Bruchstück einer Ereignisabfolge, Glied eines Ereigniszusammenhangs. Er sah nicht nur, er bemerkte, und bemerkenswert ist ein optischer Wirklichkeitsausschnitt allenfalls in seiner Bedeutung für das, was sich zuträgt. Sein synoptischer Blick umfaßte Bild-Folgen: das Vorher und Nachher, den Ablauf des Geschehens, seine Ursachen und Auswirkungen. Was sich aber ereignet in der Menschen-Welt, in der Welt des sich so oder so verhaltenden, des handelnden, erlebenden und erleidenden Menschen, läßt sich nun einmal nicht im Einzelbild festhalten. Dieses ist allenfalls ästhetisch repräsentativ, das im Zeit-Raum als bemerkenswert Gesichtete kann es nicht aussagen. Auf die Frage, warum Busch nicht Maler geworden ist, wäre also zu antworten: weil er Seher, Erspäher, Beobachter war nicht des Seienden, sondern des sich Ereignenden, — das heißt Kritiker.

Damit wäre das Stichwort gefallen. Endlich. Freilich, es kommt ein wenig überraschend. Und das berühmte Aha-Erlebnis dürfte ausgeblieben sein. Kritiker ...? Wieso ...? Nun, dann wollen wir uns einmal fragen, was denn eigentlich ein Kritiker ist, was das Wort Kritik sagen will.

Der längst zum abgetretenen Gemeinplatz gewordene Begriff findet sich in reichlich heterogenen semantischen Zusammenhängen und erlaubt es jedem, damit nach seiner eigenen Fasson selig zu werden. Sein Bedeutungsgehalt reicht von der gefährlichen Drehzahl eines Motors bis zur Mindestmasse möglicher Kernspaltung, von sachlich urteilender Prüfung bis zu ewig nörgelnder Besserwisserei, von abwägend wertender Kulturinformation bis zur hämisch zersetzenden poltischen Agitationshetze. Gesamthaft gesehen eignet dem Wort, mehr oder weniger, das Moment des Aufdeckens von Unzulänglichkeiten. Warum eigentlich?

Kritisch bedeutet, der griechischen Wortwurzel entsprechend, ursprünglich nichts anderes als ent-scheidend, die Sachverhalte und Beobachtungselemente trennend. Aber schon bald nach der Übernahme des Begriffs aus dem Französischen ist ihm, siehe Kant, der noch jetzt mitschwingende Bedeutungsgehalt inhärent: Aufzeigen des Fragwürdigen, Entlarvung des Scheins, Infragestellung des naiv-unreflektierten Fürwahrhaltens. Das Wort spiegelt also den Weg vom wertneutralen Erkennen zum pejorativ gemeinten Sichten im Sinne des Anzweifelns, Verneinens, Verurteilens.

Es ist offenbar immer dasselbe in der Welt: sie gewinnt bei genauerer Betrachtung nur selten. Wer näher hinsieht, ja die Dinge schließlich kritisch unter die Lupe zu nehmen sich nicht scheut, der unterscheidet besser, erkennt mehr, — entdeckt dabei in aller Regel zugleich auch eine grundstürzend mißliche Tatsache: das Leben ist voller Mängel und der Mensch ein Geschöpf, das sich und anderen gern etwas vormacht. Das sprechende Tier benützt die Sprache, um seine Gedanken zu verbergen und seine Absichten zu verschleiern und ist überhaupt im Grunde, wenn auch vielleicht nicht gerade böse, so doch auf jeden Fall weniger sanft-, edel- und großmütig, als es zu sein glaubt und vorgibt. Das mag nach verwerflicher misanthropischer Nörgelei klingen, ist jedoch nichts anderes als das nüchterne Ergebnis einer schlichten sprachanalytischen Meditation.

Busch konnte, so sagten wir, deshalb nicht Maler werden, weil er nicht nur im Nebeneinander des Raums, sondern auch im Nacheinander der Zeit sah. Das Distinktionsvermögen seines Auges war aber gleichzeitig so lupenhaft, der Blick so unbestechlich, daß er damit eo ipso Kritiker war. Der geborene Kritiker, — wofern alle Kritik wesentlich Scheidekunst ist des raumzeitlichen Geschehens und alle Scheidekunst eben dieses Geschehens notwendig auf Kritik hinausläuft.

Zum unterscheidend Bemerkenden wird jeder Augenmensch, dessen Blick, über das Vordergründige hinausreichend, sich mit dem räumlich Gegebenen nicht begnügt und das sich in der Zeit Ereignende einbegreift. Damit ist der Schritt vom nur sehenden Maler zum sichtenden Beobachter, das heißt zum Kritiker getan. Er ist wie Lynkeus, der Türmer, zum Sehen geboren, zum Schauen bestellt, weil er Anderen unbemerkt bleibendes Geschehen zu erspähen vermag. Dabei muß er freilich bereit sein, die schärfer unterscheidenden Augen vor keiner Einsicht in das Getriebe der Welt zu verschließen. Bereit auch, die umlaufenden Münzen vorgegebener Sichtungen auf ihren Goldgehalt zu prüfen, — unbekümmert um die nicht selten unerfreulichen Ergebnisse.

Nun, Busch hatte nicht nur ungewöhnlich gute Augen, denen nichts entging, sie schreckten auch vor nichts zurück und drangen, kritisch sichtend, bis zum Kern der, wie er sagt, ›verpackten‹ Dinge. Und sie sahen: der Kern der Dinge in dieser Menschen-Welt ist der Mensch in seiner Urnatur. Er ist es, der von seinen unergründlichen Tiefen her die Welt macht und, als bewegter Beweger, um seine Urgründe nicht weiß. Damit wurde er ihm zum eigentlichen, zum unerschöpflichen Beobachtungsobjekt, das ihn lebenslänglich fesselte und sein Sichten und kritisches Spähen in ständiger Wachheit hielt. Die unverstellte menschliche Natur, das Mensch-Sein ohne Maske, ohne Dressur und Selbstbeschönigung: das ließ ihn nicht mehr los, faszinierte ihn, schlug ihn gänzlich in seinen Bann.

So geriet er in die sein ganzes Leben tragisch überschattende Ausweglosigkeit, Maler des nicht Malbaren zu sein. Er mußte also, wollte er sich selbst treu bleiben, seinem ursprünglichen Daseinsentwurf untreu werden. Das aber führte ihn in eine arge Bedrängnis. Denn er kam bei seinem kritischen Beobachten und grüblerischen Verarbeiten des scharfäugig Erspähten zu dem gleichen mißlichen Ergebnis wie die Sprache: bei näherem, Schein und Sein ent-scheidenden Hinsehen zeigt sich, daß der Mensch nicht ganz so sanft-, edel- und großmütig ist, wie er zu sein glaubt und vorgibt.

Wer solcherart zu kritischem Sehen geboren ist und, begabt mit schöpferischer Phantasie, das Gesehene mitzuteilen sich gedrängt fühlt, der gerät in eine nicht eben beneidenswerte Lage. Gewiß, das Risiko, gekreuzigt und verbrannt zu werden, mag eine Kämpfernatur nicht schrecken. Das aber war der mimosenhaft scheue, in seinem Lebensanspruch enttäuschte und auf die Beobachterrolle zurückverwiesene Bilderpossen-Mann zuallerletzt. Damit nicht genug: er wünschte sehr, der Menge zu behagen, weil sie ihm nur so seinen bescheidenen Lebensunterhalt gewährte. Es blieb ihm also nichts, als sich der Narrenkappe zu bedienen: und so schloß er denn, da sie ihm hinreichend Schutz vor den Unbilden menschlicher Witterung bot, den Bund fürs Leben mit dieser nicht in allen Lebenslagen gesellschaftsfähigen Kopfbedeckung.

Denn was ihm, dem unerbittlich kritischen Erspäher der Menschennatur, bemerkenswert schien, was er entdeckte und mitzuteilen hatte, das war bisweilen dann doch etwas schockierend. In Gehrock und Zylinder feierlich verkündet, hätte es zu einem Rufmord geführt. So aber: es war ihm ja gar nicht ernst, das sah jedes Kind, da machte sich ein Spaßvogel nur über die Anderen lustig ... und mit ungetrübtem Vergnügen sah man sich die vielen ergötzlichen Figuren an, ließ sich einen mit minuziöser Genauigkeit plangeschliffenen Spiegel vorhalten und glaubte der augenzwinkernd gegebenen Versicherung, daß es ein Zerrspiegel sei.

Doch wer da Narrenpossen trieb, das war kein anderer als — Till Eulenspiegel. Diesen hat Busch bemerkenswerterweise, trotz seiner menschlichen Beziehungen zum flämisch-niederländischen Raum und seiner Beschäftigung mit Märchen und Volkslegenden, in seinem

Leben nur ein einziges Mal und nur ganz beiläufig erwähnt. Das ist kaum ein Zufall. Können wir hier nicht einen überraschenden Blick in das Herz des so verschlossenen Mannes tun? Hat er hier nicht einen Bogen um etwas gemacht, was ihm peinlich war? Wie sehr muß er darunter gelitten haben, nichts anderes geworden zu sein als der Verfasser eines humoristischen Hausschatzes ... so sehr, daß er sich nie mit dem beschäftigte, der das gleiche unrühmliche Gewerbe hatte.

Falls es aber gar so unrühmlich auch wieder nicht scheinen sollte, — verständigen wir uns rasch über eines: Busch lebte vor hundert Jahren, für ihn galten die Gewichtungen seines, nicht unseres Jahrhunderts. Eines Jahrhunderts, in dem es noch nicht gleichgültig war, wie man sein Geld verdiente, in dem das käufliche Status-Symbol noch nicht alles war und ein Maler, wenn er nicht gerade berühmt war, wenig und ein Bildergeschichten-Mann gar nichts auf der Visitenkarte vorzuweisen hatte. Auch im Falle einer tatsächlich einmaligen Volkstümlichkeit nicht.

Auch dann noch hatte er eine ans Phobische grenzende Angst, nach seinem Metier gefragt oder auch nur daran erinnert zu werden. Das ging bis in den engsten Familienkreis: weder seine Schwester noch die Neffen wagten es, sich zu erkundigen, was er gerade mache. Sie entdeckten es dann in den Auslagen der Buchhandlungen. Als er einmal, zweiundfünfzigjährig damals und somit auf der Höhe seines ihm peinlichen Narren-Ruhms, in Hamburg zufällig Zeuge einer solchen Entdeckung war, blickte er scheu und verlegen zur Seite ...

Nein, er fühlte sich in der dreizipfligen Kappe, auch als sie ihm dann zur zweiten Natur geworden war, alles andere als wohl. Je offensichtlicher er aber die Verborgenheiten des menschlichen Herzens kritisch sichtete, um so notwendiger wurde sie ihm. Nur zu Hause legte er sie ab. Schließlich handelte es sich um ein Pfarrhaus oder doch zumindest, fast zwanzig Jahre lang, um ein Pfarrwitwenhaus. Und nur hier konnte er sie ablegen, weswegen er nie, sooft er auch einen Anlauf nahm, den Absprung fand in die große Welt. Hier allein durfte er im eigentlichen Sinne er selbst sein, und das heißt: tiefernst, tiefinnerlich, tiefreligiös. Hier konnte er über das sprechen, was ihn beschäftigte, wenn er nicht seinem Gewerbe nachging, — über die brütenden Stare, die erfrorenen Rosen, die Meinungen der Kirchenväter. Für den Fall, daß wegen der Kirchenväter und der rechten Proportion unbegründete Zweifel entstehen sollten: er besaß die Bekenntnisse des Augustin in einem halben Dutzend verschiedener Übersetzungen, auch englisch, französisch, holländisch, und mehrmals hat er ein Exemplar eigens binden lassen, um es mit Deckelillustrationen zu versehen und zu verschenken.

Unter Leuten jedoch konnte er sich nur inkognito oder aber mit der unvermeidlichen Kopfbedeckung zeigen, — dieser Stachel muß tief, sehr tief in seiner Selbstachtung, der nicht allzu fest gegründeten, gesessen haben. Er hatte ja nicht, wie wir gewöhnlichen Sterblichen, die Fähigkeit, sich selbst etwas vorzumachen. Allenfalls zu dem, was wir heute introspektive Selbstanalyse nennen, und das wäre das Gegenteil. So suchte er wieder und wieder einen Weg in einen Bereich, in dem er, ohne Witzbold-Maske und Spaßvogel-Mütze, mit dem ruhigen Ernst seiner eigentlichen Natur hätte unbehelligt auftreten können.

Wie gesagt, Leinwand und Staffelei genügten ihm nicht, wenn ihm auch der Pinsel ebenso leicht in der Hand lag wie die Sepiafeder. Denn längst schon war er, getreu dem Satz: werde, der du bist, der geworden, der er war. Und er war — kritischer Seher des nicht Malbaren, des nicht Sichtbaren, das heißt dessen, was nicht vor aller Augen liegt. Er war, durch die Weste hindurchsehend, Ergründer des menschlichen Herzens, Erspäher der heimlichen Antriebe, Gefühle, Neigungen. Dabei ergründete und erspähte er mit beispiellos unerbittlichem Scharfblick. Seine Bildergeschichten waren lange schon, abgesehen von der Kulturkampf-Polemik, auf weite Strecken hin nichts anderes als verdeckte Aufdeckungen des Menschlich-Allzumenschlichen.

Im übrigen war er längst über die ersten, kümmerlich tastenden Versuche hinausgewachsen, war gereift und hatte es auch nicht mehr nötig, die Produkte seines Gewerbefleißes allzusehr dem Publikumsgeschmack anzupassen. Da dieser ein nicht immer guter genannt werden muß, hatte sich ja auch manches hart an der damit angedeuteten Grenze bewegt. Wer von Entgleisungen sprechen zu müssen meint, mag das tun. Guter Wein gärt heftig und lange und bildet noch in der Flasche Bodensatz, man weiß es. Aber das lag nun zurück und hinter ihm. In dem langwierigen Reifungsprozeß, durch den er sich hindurchquälen mußte, hatte er jedoch eine Entdeckung gemacht: daß ihm, dem kritisch Sichtenden, die für das im vierdimensionalen Zeit-Raum sich Ereignende einzig gemäße Aussageform, die Begriffssprache, ebensogut zur Verfügung stand wie der Federstrich. Daß er das ins Herz der Dinge treffende Wort, den leichthinfließenden Vers, die bildsprachliche Veranschaulichung ebenso virtuos handhabte wie den Zeichenstift.

So versuchte er, im Streben nach einer anderen Anerkennung als dem Beifallsgejohle der über einen Schalksnarren lachenden Menge, im Streben auch, die Zweifler eines Besseren zu belehren, den Weg des Gedichts: er verzichtete nicht nur auf den Pinsel, sondern auch auf die Feder, beschränkte sich auf das Wort und schrieb die ›Kritik des Herzens‹.

Doch er war vorsichtig, wie immer. Das unscheinbare Bändchen bänkelsängerhafter Reimereien mochte, wenn es auch von Lausbubengeschichten nun doch recht weit entfernt war, als eine Art Galgenvogel-Lieder eben noch die Zensur der Selbstgerechten passieren. Aber da hatte er sich geirrt. Die Aufmerksameren witterten Aufruhr und wollten ihm an den Kragen. Fast wäre es so gekommen wie bald später bei dem empörenden Professor Freud. Daß der liebe kleine Fritz dem lieben neugeborenen Brüderchen am liebsten einen dicken Stein an den Kopf werfen möchte, so etwas kann man allenfalls mit esoterischen Wendungen kundtun. Ansonsten sind die Folgen der narzistischen Kränkung, siehe Stein, unabsehbar. Nun, die meisten Leser merkten gottseidank nichts, erwarteten Heiteres, blätterten darin herum, fanden es teilweise ganz lustig und im übrigen nicht weiter aufregend. Immerhin genügten die Anfeindungen und die enttäuschten Erwartungen, daß die zweite Auflage liegenblieb.

Damit hatte Busch sich nun in nicht zu übersehender Weise als Kritiker bekannt. Aber es wurde doch übersehen. Die anspruchslose Bescheidenheit des literarischen Auftretens, die ihn vor allem anderen kennzeichnet und ihn so sympathisch macht, gereichte ihm zum Heile, wie man dereinst in gehobenen Kreisen so schön sagte. Sonst hätte es ihn doch erwischt, — wird mancher diesen Kreisen Fernstehende weniger emphatisch denken. Nun, das mag seine Richtigkeit haben. Wir wollen aber die Sache mit der Bescheidenheit doch lieber nicht zu hoch veranschlagen. Der Titel zumindest ist so kleinformatig nämlich gar nicht: der inzwischen in sich gefestigte, der Schärfe seines sichtenden Blicks bewußte Zweiundvierzigjährige hat ihn in Anlehnung an Kant gewählt, an dessen Lebenswerk, die drei Kritiken.

Hier wird der geneigte Leser nun vermutlich weniger geneigt sein, erstaunt die Augenbrauen hochziehen und ungläubig lächeln. Sehen wir uns also, es ist ja nicht ganz unwichtig, die etwas überraschend kommende Behauptung, er habe tatsächlich, darin Schopenhauer nicht unähnlich, das Kantische Anliegen fortführen wollen, ruhig ein wenig näher an.

Busch hat alles getan, sich nicht in sein Innerstes

blicken zu lassen. Vermutlich hatte er seine Gründe. Sein eigenes Sehvermögen, nach Menschenbrauch, bei anderen voraussetzend, igelte er sich regelrecht ein. In den knappen autobiographischen Äußerungen, zu denen man ihn gedrängt hatte und die lediglich richtigstellen sollen, steht einiges zwischen den Zeilen, mehr nicht. In einer revidierten Fassung hat er später auch das tunlichst noch gestrichen. Immerhin hält er es für erwähnenswert zu berichten, ihm sei in der Bibliothek des Onkels, des Pastors, im zartesten Knabenalter bereits die Kritik der reinen Vernunft in die Hände gefallen; er habe sie damals freilich nur spärlich durchschaut, aber das davongetragen, was wir heute ein infantiles Trauma nennen würden. Natürlich drückt er es bummeliger aus: er spricht von der lebenslänglichen Neigung, in der Gehirnkammer, trotz der vielen Schlupflöcher, Mäuse zu fangen.

Eine so ausgesprochen unseriöse Formulierung ist aber doch, wird man hier einwenden, himmelweit entfernt von dem würdevollen Ernst und der feierlichen Erhabenheit der Kantschen Diktion. Wer in dessen Fußtapfen tritt, spricht eine andere Sprache. Wie kann man da nur eine Verbindung herstellen? Ganz einfach: man muß nur die zu Ausschweifungen neigende Vergnügungssucht Buschs in Sachen Understatement interpolieren. Und die Tatsache, daß er, jeder Phrase abhold, keineswegs ein Priester am Altar der institutionellen Lebensweisheit sein wollte. Und er ging ja ganz andere Wege, die des Auges und des Herzens, nicht des Verstandes. Aber eben dies tat er nicht zuletzt deshalb, weil er sich recht eingehend mit dem kleinen großen Mann aus Königsberg beschäftigt hatte. Vor allem als junger Maler-Aspirant in der Zeit zweifelnden Atemholens, bevor er, zweiundzwanzigjährig, sich entschloß, es in München zu versuchen. Später dann nochmals in seiner Frankfurter Zeit, bei seinem Bruder Otto, wenige Jahre vor der Wahl des Titels.

Man hat immer nur den Einfluß Schopenhauers im Auge und betont ihn bis zum Überdruß. Doch das ist zu kurz gegriffen. Gewiß, er hat sich, zusammen mit seinem Bruder, während dessen Schopenhauer-Studien gründlich mit der Welt als Wille und Vorstellung auseinandergesetzt. Auf den Gebrauch der rosaroten Brille aber hatte er, das ist nicht zu verkennen, schon lange vorher verzichtet. Lange bevor das begann, was Schopenhauer die Komödie seines (späten) Ruhms genannt hat, und er in sein Blickfeld treten konnte. Die nachgerade zu Tode zitierte Bemerkung Buschs, er habe den Schopenhauer in der einen und den Darwin in der anderen Tasche, besagt ja schließlich nicht, er sei lebenslänglich so herumgelaufen.

Mit Kant dagegen war er, wie gesagt, von Jugend auf vertraut, und wer, um mit diesem zu reden, über den Schein hinaus ist, der spürt das ganze Wesen Buschs durchformt vom Mißtrauen gegen den Verstand: dem, so meint er, nützlichen Gemüsezüchter, der von Blumengärten nichts versteht. Zum Kritiker hat ihn Kant gemacht: Kritik jetzt verstanden als das zu ständiger Selbstreflexion gebrachte Denken, als das nicht unbesehene Hinnehmen der Erscheinungswelt und die Selbstbescheidung angesichts der Grenzen des eigenen Erkenntnisvermögens. Kant sagt: du siehst die Erscheinung, nicht das Ding an sich; Busch sagt: du siehst die Weste, nicht das Herz. Die Parallele, die praktische Nutzanwendung des Kantschen Grundgedankens auf die Menschenbeobachtung ist nur zu offensichtlich und sollte nicht beharrlich übersehen werden.

Sollte es jedoch jemand geben, der ausnahmsweise nur ungern bereit ist, eine vorgefaßte Meinung zu ändern, und der an einem allzu genauen Umgang mit dem Verfasser der drei Kritiken zweifeln sollte: es geht hier nicht um eine Grundgestimmtheit des In-der-Welt-Seins, die liest man sich bekanntlich nicht an, sondern um das nur in der Auseinandersetzung mit Kant erfahrbare Erwachen aus dem Traum naiven Hinnehmens der sogenannten Wirklichkeitswelt. Hübsch zu sehen übrigens, wie weit die Vertrautheit im einzelnen geht. Es gibt da eine ganze Reihe recht aufschlußreicher Details. Zur Illustration nur dies: Busch hat sich die Lust des Schaffens lebenslänglich eingestanden und es als peinlich empfunden, dafür auch noch bezahlt zu werden; Kant hat sich die Lust des Denkens geradezu verübelt und sich ihrer geschämt, weil nur das entgegen der Neigung Geleistete für ihn verdienstvoll war.

Natürlich hat sich Busch nicht, wie Schopenhauer, berufen gefühlt, das Lebenswerk Kants fortzuführen. Nichts hätte ihm ferner gelegen als eine solche Prätention. Dazu war er viel zu bescheiden, zu selbstkritisch auch. Aber eines hatte er mit Schopenhauer, von dem er offensichtlich auf die Fährte gesetzt wurde, gemeinsam: über den Ansatz Kants hinauszugelangen, ohne ihn selbst preiszugeben. Schopenhauer hatte das zu leisten geglaubt, indem er im Willen, sprich: im blinden Lebensdrang der Vitaltriebe, das Ding an sich gefunden zu haben meinte. Nach ihm ist der Wille das eigentlich Bewegende, mehr noch, das Wesen der Dinge selbst. Er hätte sein Werk ebensogut eine Kritk des Willens nennen können. Und darin war Busch nun mit ihm einig: daß die Kritik nicht bei der Vernunft und Urteilskraft stehenbleiben dürfe, sondern darüber hinausgehen müsse und die menschlichen Antriebe und Schwächen zur Selbstreflexion bringen. Nur nannte er es nicht den Willen, sondern gleichnishaft-metaphorisch, mit einem Hauch von Poesie, das Herz.

Gänzlich unprätentiös ist der Titel also keineswegs. Gewiß, er hatte das Ergebnis seines kritischen Sichtens in unverbindlicher, verharmlosender, verschleiernder und betont unsystematischer Form vorgelegt. In Verskonglomeraten, wie er selbst es nennt. Aber das tat bei ihm, der ja nie großformatig aufzutreten sich vermaß, nichts zur Sache, – und sollte es auch bei uns nicht tun.

Freilich, hinter der anspruchslosen Beiläufigkeit und knittelvershaften Unverbindlichkeit verbirgt sich nicht nur der Mensch, sondern auch eine Aussage. Eine Ansicht, die man keineswegs teilen, wohl aber zur Kenntnis nehmen muß: daß nämlich die Dinge, aus der nötigen oder doch empfehlenswerten Distanz gesehen, ihre pompöse Wichtigkeit verlieren, daß man ihnen mit großen Worten noch weniger beikommt als mit kleinen und mit einer Systematik schon gar nicht. Mehr noch: daß allein das anschauliche Bild zum Herzen, als der Wesensmitte des Menschen, vorzudringen und von dort her lebendige begriffliche Vorstellungen zu erzeugen vermag. Womit wir wieder bei Kant wären, der gesagt hat: Begriffe ohne Anschauungen sind leer.
So viel zum Titel ›Kritik des Herzens‹. Hoffentlich denken auch die Ungläubigen nun milder und wir sind uns darüber so weit einig. Sehen wir uns noch kurz an, wie es weiterging.
Der erhoffte Erfolg also war ausgeblieben. Nicht nur dies, die Flamme der Empörung züngelte da und dort auf. Und die Hoffnungen auf eine angemessene Resonanz waren nicht eben gering gewesen: das zeigt die anders unverständliche, wie etwas Fremdes in dem sonst so folgerichtigen Leben stehende amouröse Reaktion des über Vierzigjährigen auf die Zuschrift einer holländischen Schriftstellerin, die seine gereimten Sentenzen so ernst genommen hatte, wie sie gemeint waren.
Wieder hatte sich ein Weg als nicht gangbar erwiesen. Er hat ihn auch nicht weiterbeschritten, statt dessen, als Fünfundvierzigjähriger, nochmals einen letzten Versuch mit der Malerei unternommen. In München, in einem Atelier, das sein Freund Gedon eigens für ihn mit allen notwendigen Außenweltabschirmungen eingerichtet hatte. Berühmte Malerkollegen, deren Wort etwas galt, kamen, sahen, staunten und ermunterten ihn weiterzumachen. Aber es war nicht mehr seine Welt. Mit der Kritik des Herzens war er ein anderer

geworden. Er war nicht mehr nur Auge und Hand, das Wort war nicht mehr das lediglich Ergänzende. Das Schwergewicht hatte sich verlagert, verlagert vom rein visuellen Seh-Erlebnis zum Denken und Sagen des sehend Erlebten.

Der Vers hatte es ihm angetan, die gereimte Sentenz. Das war das Medium, in dem er sein kritisches Anliegen ausformen und mit beispielhafter Vollendung vortragen konnte. Aber die Narrenkappe ganz abzusetzen war ihm nicht gegeben und, wie sich schon beim Lüften derselben gezeigt hatte, auch nicht ratsam. So fand er sich erst als Greis, müde vom Wandern schon, das Begonnene fortzusetzen bereit. Der Zweiundsiebzigjährige gab dem schmalen Gedichtband den nun wirklich anspruchslosen, wenngleich unüberhörbar resigniert anspruchslosen Titel ›Zu guter Letzt‹. Es war das Letzte, was er der Öffentlichkeit übergab. Was darin nicht aufgenommen war oder noch hinzukam, das überließ er zu gefälliger posthumer Verwendung seinem Neffen. Herausgegeben wurde es unter der Überschrift ›Schein und Sein‹.

Zehn Jahre nachdem er sich als Kritiker des Herzens bekannt hatte, mit zweiundfünfzig, hat er seine letzte Bildergeschichte verfaßt. Er war der Bänkelsängerei längst müde, und der Menge Beifall tönte ihm mehr und mehr wie Hohn. So verabschiedete er sich, nachdem er seinen und seiner Schwester Lebensunterhalt sichergestellt wußte, still und unbemerkt vom lärmigen Schauplatz des Erwerbs, ging nachdenklich ins Pfarrwitwenhaus zurück und hing die dreizipflige Schellenkappe, ohne sie je wieder eines Blickes zu würdigen, an den Nagel.

Warum er das nicht schon früher getan, fragt man sich. Er lebte einfach, anspruchslos, so bescheiden wie er war. Vermutlich hätte es schon vorher gelangt, die Auflagen seiner Sachen erreichten beachtliche Höhen. Gewiß, aber erfühlte sich im Materiellen unsicher und war entsprechend vorsichtig, ja überängstlich nach den Hungerjahren der Jugend. Nicht zu vergessen auch: er hatte, in seinem Rahmen, sehr wohl seinen Lebensstil, ging immer ausgesprochen gut gekleidet und war überhaupt ein soignierter Herr. Wahrscheinlich gedachte er auch weiterhin viel zu reisen und freigebig zu sein. Im übrigen hatte er bei den drei Söhnen seiner früh verwitweten Schwester auch finanziell die Vaterrolle übernommen, erst jetzt war der Älteste mit dem Studium fertig, die beiden jüngeren verließen sich auf ihn.

Davon abgesehen hatte er, nach der Enttäuschung mit der Kritik des Herzens, das getan, was einzig blieb: er hatte sein Metier veredelt, hatte sein Bänkelsängertum, beginnend mit der Knopp-Trilogie, auf eine einsame, nachgerade gesellschaftsfähige Höhe angehoben. Und sein eigentliches Anliegen, das kritische Sichten der menschlichen Natur, konnte er unbemerkt einfließen lassen.

Nachdem er aber diese Erwerbstätigkeit nicht mehr nötig und aufgegeben hatte, wurde er ganz das, zu dem er geworden war: zugleich besinnlicher und kritischer Beobachter des Treibens dieser Welt. Der sichtenden Menschenbeobachtung war er förmlich verfallen. Sein Leben lang hatte er seines Blickes Sehkraft geübt, er war ganz Auge. Es saß weiterhin wie ein Jäger auf dem Anstand: stillverborgen, in sicherem Versteck, ohne die Dinge aufzuscheuchen, geduldig ausspähend, ob sich etwas Bemerkenswertes zeigte, und immer bereit, es mit tödlich sicherem Augen-Blick festzuhalten. Wie aber das Gesichtete mitteilen, ohne den nach wie vor geradezu phobisch gefürchteten Anstoß zu erregen? Wie das kritisch Durchschaute wissen lassen, ohne in der besinnlichen Beobachterruhe gestört zu werden? So weit sich auf die Äste hinauswagen, wie es ihm nun einmal unumgänglich schien, konnte er allenfalls mit dem Gewicht eines Spaßvogels . . . die Narrenkappe aber war, Gott sei Dank, inzwischen längst verstaubt und abgetan.

Da fand er einen Ausweg: die Traum-Erzählung. Sie ermöglichte es dem nunmehr fast Sechzigjährigen, behaglich verschleiernd aus dem ein Leben lang kritisch sichtend Erspähten, unter Verzicht auf den Vers, mit der ihm eigenen knappen Gedrängtheit das metaphorisch verschlüsselte Fazit zu ziehen. Freilich hieß es jetzt nicht mehr: es ist ja nur des Humoristen Scherz, jetzt hieß es: es ist ja nur ›Eduards Traum‹. Und in einer weiteren, vier Jahre später geschriebenen Prosaerzählung ›Der Schmetterling‹ bedient er sich des Kunstgriffs einer märchenhaften Überwirklichkeit, um das, was seinen Grübelsinn beschäftigte und als Ergebnis seines kritischen Bemühens vorlag, unbehelligt mitteilen zu können.

Doch die Eule der Minerva fliegt nun mit merklich matterem, wenn auch weiter ausholendem Flügelschlag. Die kritische Munterkeit im Festhalten der Einzelbeobachtung läßt nach, die veranschaulichende Kraft ausschweifender Bild-Genauigkeit erlahmt, die Schärfe der Kontur wird durch ein stilistisches Sfumato verwischt. Und die Alterssichtigkeit läßt alles Menschliche nun in einer neuen Perspektive aufscheinen: an die Stelle der Lust des Ent-deckens tritt die Lust des Überschauens, der mit feinsinniger, behutsam andeutender Hintergründigkeit auf eine Summenformel bringenden Synopsis.

Damit aber, mit dem Schritt von der ent-deckenden Analyse zur zusammen-sichtenden Synthese, hatte sich Buschs Leben als Kritiker erschöpft. Denn er war darüber zu der alle kritische Kritik aufhebenden Einsicht gekommen, daß das, was im Kongreß aller Dinge beschlossen ist, ja wohl auch zweckgemäß und heilsam sein müsse.

Hier tun wir gut innezuhalten, uns umzusehen und nochmals zurückzublicken. Und da muß man sich wohl fragen: warum in aller Welt dieses ewige Versteckspiel? Wer innerlich frei und äußerlich unabhängig ist, der segelt seinen Kurs und hält, unbekümmert um die Pressepiraten und die wechselnden Winde des Literaturgeredes, die Kompaßnadel der Wahrheit im Auge, sonst nichts. Gewiß ... aber eben: er war weder das eine noch das andere. Immer blieb er auf die Einnahmen aus seinen Bildergeschichten angewiesen, und als er sich schließlich von seinem Verleger abfinden lassen konnte, da war es zu spät, er war darüber vierundsechzig geworden. Und andererseits: wenn ihm auch der Menge Beifall wie Hohn tönte, er brauchte ihn gleichwohl; er bestätigte ihn und nahm dem peinigenden Gefühl, in der dem Vater abgetrotzten Wende zur Malerei gescheitert zu sein, seinen lebensbedrohlichen Stachel. Wie tief dieser in seiner Selbstachtung saß, wurde bereits transparent, es wird aber gut sein, nochmals zu beleuchten, was die innere Berufung zum Kritiker und der Verzicht auf das rein optische Seh-Erlebnis für dieses Leben bedeutete. Drei Freundschaften lassen das Abgründige der Versagens-Gefühle, des nicht geleisteten Daseinsentwurfs bleibende Bitternis, die nie ganz bewältigte Maler-Vergangenheit ahnen und eindrücklich werden.

Da ist einmal die lebenslängliche Dankbarkeit gegenüber der um ein Jahr älteren Frau eines Bankiers in Frankfurt, in dessen Gründerjahre-Villa der Bruder Otto als Hauslehrer lebte; sie hatte mit mütterlich-fraulichem Instinkt die inneren Nöte des selbstunsicheren, unentschiedenen Fünfunddreißigjährigen sofort und tiefer als alle anderen begriffen: das fühlte er, wenn sie ihn, wie einen Sohn, mit allen weiblichen Listen und schließlichem Liebesentzug immer wieder in Richtung Pinsel und Palette drängte ... und er blieb ihr und gleich auch noch ihren Kindern dafür, daß sie an seine Maler-Möglichkeiten geglaubt hatte, bis in den Tod verbunden.

Zum anderen die Freundschaft mit Lenbach und Kaulbach: sie wurde zur innigen personalen Du-Beziehung erst nach der Kritik des Herzens, als er sich innerlich bereits kaum noch jemandem aufschloß, und blieb als solche lebendig bis in die letzten Lebensjahre. Wirklich einfühlbar wird dieses selektive Sich-Öffnen erst, wenn man bedenkt: die Identifikation mit den beiden, dem gefeierten Maler-Fürsten und Fürsten-Maler Lenbach und Kaulbach, dem Direktor der Münchener Kunstakademie, die ihn einst übersehen hatte, gab ihm das entlastende Zugehörigkeits-Gefühl ... zumal ihn beide als einen lediglich sein Metier nicht ausübenden Maler, als ihresgleichen anerkannten.

Nein, er hat es nie verwunden, nie vergessen können: als Maler hatte er es zu etwas bringen wollen, nicht als Hofnarr der Menge. Lebenslänglich aber sah er sich eingereiht unter die Spaßmacher der Jahrmärkte dieser Welt.

Denken wir uns einen hochgewachsenen, feingliedrigen, sich noch immer sehr aufrecht haltenden alten Herrn. Patriarchenbart über blütenweißem Hemd, dessen Manschetten von Goldmünzen zusammengehalten werden; unauffälliger, aber vom besten Schneider der Landeshauptstadt gearbeiteter Anzug, eigenartig entspannte, weich-sensible Künstlerhände. Wie eine Aura umgibt ihn Ernstes, Verinnerlichtes, Ehrfurchtgebietendes. Etwas von dem, was Nietzsche das Pathos der Distanz genannt hat, das allerdings wohltuend unpathetisch bleibt. Auf der Bank des Pfarrgartens liest er in der milden Spätherbstsonne ... nein, seine Gedanken gehen zurück, im Frühjahr steht der fünfundsiebzigste Geburtstag bevor mit Ehrungen, denen er sich zu entziehen gedenkt. Sie werden ihn nachdrücklich daran erinnern, als was er schließlich doch noch seinen Weg gemacht hat: — ja, er kann seinem Leben nur die Note ›ziemlich gut‹ geben ... die Jahre der Flucht in kindhafte, das Erwachsensein leugnende Albernheiten, in lärmend durchzechte Nächte, in Faschings-Maskeraden tauchen auf, die Jahre verzweifelten Überspielens, damals, mit dem Bild der allgegenwärtigen, alles verstehenden, alles verzeihenden Mutter.

Eben will er sich wieder in Pascals ›Lettres provinciales‹ vertiefen, da bringt ihm Anneliese, das Großnichtchen, die nun schon laufen kann, die Post: ach, die ewigen Anfragen ... nein, diesmal kein Vereinsmeier, auch kein Zündholzfabrikant, — eine Schaumweinfabrik. Man habe sich entschlossen, das humoristische Moment in die Werbung hereinzunehmen, und was einige Zwei- bis Vierzeiler bei ihm wohl kosten würden ... Auch das wird er ablehnen, gewiß, aber es ist wieder ein Stich in die alte Wunde. Er spürt es kaum mehr, so sehr hat er sich daran gewöhnt, dennoch: was ist er vor den Menschen? Was ist seine Stellung in der Welt? Warum soll nicht auch er die Ehre haben dürfen, die ihm Ehre scheint? Humorist ... nein, unerbittlich sichtender, kritischer Seher, Entdecker des Menschlichen, das war er ...

Damit sind wir dort angelangt, wo der Kreis der Betrachtung sich schließt. Kritiker und Humorist, — letztlich fließt das ineins, bedingt sich gegenseitig und läßt die Koinzidenz scheinbar diametral entgegengesetzter Extreme axiomatisch aufscheinen. Und wir müssen einem naheliegenden Einwand endlich Gehör geben: daß alles bisher Gesagte einseitig gesehen ist. Die Narrenkappe war Maske, gewiß, aber Maske ist, als Persona, so gut ein integrierender Bestandteil unserer Natur wie das, was sie verbergen soll. Wenn man Busch lediglich als Kritiker sieht, wird man ihm so wenig gerecht, wie wenn man ihn simplifizierend als Humoristen abstempelt. Man kann das nicht trennen.

Treten wir aber an dieses Leben von der komplementären Seite heran, so müssen wir wohl oder übel den Humor allen Ernstes befragen, was es mit ihm auf sich habe. Und das ist ein bekanntlich schwieriges Unterfangen. Ein Unterfangen, über das er, wie könnte es anders sein, natürlich lacht.

Seine Antwort scheint nur Spott über den Frager zu sein. Busch selbst hat sich wieder und wieder grübelnd damit befaßt, warum wir eigentlich lachen, was es ist, das uns erheitert. Lassen wir die Antwort, die er findet, lieber unerwähnt, denn hier greift der sonst so verläßliche Erspäher des Verborgenen, rundheraus und unbeschönigt gesagt, ausnahmsweise befremdlich ins Triviale. Aber das ist, eben weil es sonst kaum vorkommt, höchst bemerkenswert.

Man sage nun nicht, es gäbe der Jugendtrivialitäten genug. Diese auszuklammern wird der Wohlmeinende willens und bereit sein. Und vieles von dem, was belanglos und banal scheint, ist weder das eine noch das andere. Oft verbirgt sich hinter Scheintrivialitäten eine sich arglos gebende Hintergründigkeit. Und den Schluß vom Besonderen auf das Allgemeine hat er klugerweise niemandem nahegelegt, geschweige denn aufgedrängt. Man verkenne nicht: im Kleinen wie im Großen sah er das menschliche Herz sich spiegeln, und beides wog ihm gleich schwer.

Nein, die Dinge liegen wohl anders. Vermutlich ist das Warum des Lachens ausweichend-banal beantwortet. Es handelt sich wohl einfach um einen blinden Fleck, um die Unfähigkeit, das Eigenste zu sehen, die Maske, eben weil sie zur zweiten Natur geworden war, abzunehmen und zu betrachten. Und dann: jede Reflexion stört, ja lähmt die Spontaneität des aus dem Unbewußten Aufsteigenden. So schützte ihn die Skotomisierung vor einem Vernünfteln, das die aus der Tiefe des Seins hervorsprudelnden Quellen zum Versiegen gebracht hätte.

Humor ist, man weiß es, wenn man trotzdem lacht. Aber das ist ein Gemeinplatz und gewiß nicht das letzte Wort in dieser Sache. Sehen wir uns den schon fast legendär gewordenen, Humor habenden Vogel auf dem Leim an: er pfeift, obwohl er sieht, daß er in wenigen Augenblicken gefressen wird, lustig wie zuvor.

Es ist, als betrachte er den glutäugigen Kater gewissermaßen durch ein umgekehrtes Fernrohr, was diesen noch weit entfernt erscheinen läßt und die Zeit bis zum Gefressenwerden in überraschender Weise entsubjektiviert.

Das ist's. Mißt man die Dinge dieser endlichen Welt mit unerwarteter Wendung an unendlichen Maßstäben, so entsteht ein befreiendes Lachen. Der Humorist erzielt diesen Überraschungseffekt eben, indem er uns ein Fernglas vor die Augen hält, es aber unversehens umkehrt oder beide Sehbilder überblendet.

Dazu muß er selbst jedoch zugleich näher als andere bei den Dingen sein und entfernter von ihnen seinen Standort haben. Das klingt paradox, natürlich, und es ist es auch. Daher die Schwierigkeit. Es ist das immerfort zu leistende Austragen einer polaren Spannung gegensätzlicher Sehweisen, die dauernde Mitgegenwart der einen in der anderen. Nur wer mit den Ereignissen in Tuchfühlung bleibt, kann sie kritisch sichtend unter die Lupe nehmen; und nur wer turmhoch über ihnen steht, kann im gelassenen Überschauen verweilen, denn sie bleiben für ihn kleinlicher Betrachtung entrückt und ihr Stachel vermag ihn nicht zu berühren.

Das ist das eine: die Distanz. Humor ist wesentlich Distanzierungsfähigkeit. Aber das ist nicht alles. Die im Phänomen vordergründig aufscheinende Fähigkeit zu lächeln oder gar befreiend zu lachen, das heißt: nicht tragisch zu nehmen, hat sie nicht ein besonderes Weltgefühl zur Voraussetzung? Ein vom Herzen her in besonderer Weise bestimmtes Verhältnis zur Schöpfung und ihren Geschöpfen?

Es ist die verstehende Güte, die wohlwollende Wärme, die mitschwingende Freund-seligkeit, kurz: die aus der Tiefe der Wesensmitte kommende Bejahung des Seienden. Es ist — die Liebe. Die Liebe als alles annehmende, alles gelten lassende, alles auch in sich selbst wissende Grundbefindlichkeit des Herzens. Ohne sie bleibt das unbestechliche, vor den Bitternissen der Wirklichkeitswelt nicht zurückschreckende Sichten notwendig stecken im Feindseligen, Verneinenden, Gehässigen. Ohne sie wird das kritische Ent-decken des Beschönigten, Verleugneten oder Verdrängten, des Bösen als Bestandteil der seelischen Grundkräfte, zu mephistophelisch nörgelnder Anklägerei, zu selbstgefällig geistreichelndem Zynismus oder zu sarkastisch ätzendem Ressentiment. Mit Recht nennt Thackeray, damit Wesentliches erfassend, den Humor die Einheit von Witz und Liebe.

Busch mußte Humorist sein, weil er Kritiker war, konnte es aber nur sein, weil er ein großer Bejahender, ein im Grunde Liebender war. Er war nicht nur ganz Auge, er war auch ganz Herz: daß er es nicht auf der Zunge trug, tragen konnte, das ist für jeden, der über den Schein hinaus ist, der beste Beweis. Wenn es noch eines weiteren bedarf: er hat sich wieder und wieder zurückgezogen im Leben, aber gehaßt ... nein, gehaßt hat er nie. Haß war ihm wesensfremd.

Wessen sichtender Blick sich nicht von dem bitteren Kern des Lebens abwendet, wessen Herz sich gleichzeitig ohne Haß der Welt erschließt, dem bleibt wohl nichts anderes als: sich immer wieder mit entschiedener Wendung über das gesehene Leid, über das Schmerzliche hinausheben bis dorthin, von wo aus es nichtig wird und belanglos. Damit war die Narrenkappen-Maske nicht nur äußere, lebenspraktische Geratenheit, sie war ebenso innere, psycho-logische Folgerichtigkeit, nämlich Zuflucht vor dem unerträglichen Anblick des erstarren machenden Medusenhauptes, das da heißt: fühllose Natur.

Distanz und Liebe, — dieses Unvereinbare und doch Vereinbarte macht den Kritiker Busch zu dem, als den wir ihn gleich in den ersten Sätzen begriffen haben: als Verkörperung des in sich Widersprüchlichen. Er ist der gesellige Einsame, der seßhafte Vagabund, der städtische Landbewohner, der lebensnahe Sonderling, der unbeteiligt Anteilnehmende, — er ist alles zugleich und vor allem immer er selbst in unverlierbarer Eigenart.

Er ist, wiederum ein Paradoxon, der kritisch Liebende. Er hat nichts beschönigt, nichts verharmlost, nichts übersehen, — und doch alles bejaht, indem er es aus immer wieder mühsam gewonnenem Abstand in die rechte Größenordnung einwies. Daß er diese Distanz nicht, wie sein angebliches Vorbild Schopenhauer, um den Preis eines inneren Zerwürfnisses mit der Welt einhandelte, das macht im Grunde schließlich seine Größe aus ... doch nein, wir hatten uns ja darüber ins Einvernehmen gesetzt, ihn nicht unter die Großen einzureihen. Aber eines war er gewiß: ein Großer unter denen, die mittleres Maß haben, ohne mittelmäßig zu sein.

Wir sind am Ende. Die dem engeren Kreis der Verehrer Angehörenden werden enttäuscht sein und meinen: da war zu wenig des Rühmens, der aufblickenden Bewunderung ... und andere werden einwenden: im Gegenteil, zu wenig verurteilende Wertung, — nicht einmal das Stichwort Pessimist ist gefallen, ganz zu schweigen von der schrecklichen Grausamkeit ...

Klischeevorstellungen, zumal wertende, sind eine mißliche Sache. Ein nicht aus der Welt zu schaffendes Ärgernis. Aber man sollte es sich nicht so leichtmachen, keine Notiz von ihnen zu nehmen. Damit ist auch nichts gewonnen. Das landläufige Busch-Bild bedarf der Korrekturen: vor allem im Sinne der Preisgabe von Vor-Urteilen, durch Weglassen vertrauter Konturen und Umrißlinien also. Zum Nicht-Gesagten und den dagegen bereitliegenden Einwänden wäre nun viel zu sagen, im Grunde genügt Weniges.

Was den tadelnswerten Verzicht auf Glorifizierung betrifft: der immerfort zitierenden Lobredner und heroisierenden Posaunenbläser sind nachgerade genug.

Man sollte sich da bescheiden und im persönlichen Engagement begründete Einschätzungen nicht verallgemeinern, das führt nur zu Reaktionsbildungen. Freilich, bei näherer Beschäftigung mit Busch ergeht es einem wohl so, wie es weiland einem Herrn Miguel de Cervantes mit seinem Don Quijote erging: man gewinnt je länger je mehr Hochachtung vor dem närrischen Manne, der da unverstanden, seitab der ausgetretenen Straßen, seine eigenen Wege weiterverfolgt.

Mehr ist dazu eigentlich nicht zu bemerken. Nicht ganz so einfach liegen die Dinge bei den gegenteiligen Vorbehalten, denn sie beruhen auf vereinfachender Weltsicht oder allzu oberflächlicher Vertrautheit mit dem Max-und-Moritz-Mann.

Zunächst der berüchtigte Pessimismus des Nöcker-Greises, wie er selbst solche Leute persiflierend nennt. Ein Pessimist, — was ist das eigentlich . . .?

Ein Mensch, der behauptet, es werde morgen regnen? — Nun, ob er ein Schwarzseher ist oder ein Kundiger, das zeigt sich ja dann, und was sich bei Busch gezeigt hat, ist bekannt.

Ein Mensch, der findet, ein halb volles Glas sei halb leer? — Nun, eben das hat er nicht getan, im Gegenteil, er war zufrieden mit dem, was im Becher des Lebens sich ihm bot.

Ein Mensch, der ewig mißlaunig jedermann im Wege steht? — Nun, davon kann auch beim schlechtesten Willen keine Rede sein; stets trank er lieber Wein als Wasser, sagt er selbst.

Ein Mensch, der die Dinge so tragisch nimmt, wie sie sind? — Nun, das war er wahrhaftig zuallerletzt, zumindest hat er es gegebenenfalls nicht merken lassen, und das mit Erfolg.

Definiert man allerdings den Pessimisten als Optimisten mit Erfahrung, dann sieht die Sache so aus, wie bei der Bedeutungsbestimmung des Wortes Kritik ausgeführt. Zuzugeben ist auch, daß er den Optimisten, die diese Welt für die beste der möglichen Welten halten, geantwortet hat: — leider stimmt das, soviel ich sehe.

Was schließlich das übliche Gerede von der verwerflichen Grausamkeit anlangt: hat Busch nun eigentlich, und darum geht es doch wohl im Grunde, der Schmerzwollust so breiten Raum gegeben, weil es ihm Spaß machte, oder obwohl es ihm keinen machte? Hat er sie bloß erspäht und gewissenhaft registriert, in der Größenordnung, in der er sie sah, oder hat er sich etwas für ihn Ergötzliches ausgedacht? Die Frage beantwortet sich für den, der ihn näher kennt, von selbst. Für ihn erübrigt sich jedes weitere Wort. Für die anderen sollte schon ein flüchtiger Blick auf den Menschen genügen, wie ihn die folgenden Hinweise ermöglichen.

Es bereitete ihm unsägliche Qualen, wenn er hören mußte, wie ein Schwein geschlachtet wurde, wenn er sah, wie die Katze einen halbflüggen Singvogel erwischte oder wenn er gezwungen war, ein Spatzennest über der Regentonne zu zerstören. Zahllose ähnliche Beispiele für das zarteste, sensibelste Mitgefühl für das Leid der Kreatur ließen sich anführen: er muß sich solche Erlebnisse nämlich jedesmal eigens in einem Brief von der Seele schreiben. Den Fall gesetzt aber, es gäbe jemanden, für den die Kreatur erst beim Menschen anfängt, — seine Kinderliebe geht bis zu seitenlangen Briefgedichten, und daß er etwa an Kranke nicht nur dachte, wenn es sich um Angehörige handelte, zeigt Folgendes: zu seinem siebzigsten Geburtstag hat ihm sein Verleger als Geschenk den Betrag von 20 000 Goldmark zugehen lassen; Busch hat diesen zu gleichen Teilen an zwei Krankenhäuser in Hannover überwiesen.

Nein, die Sache mit der Grausamkeit ist ganz einfach ein Vorwand, ist eine Rationalisierung. Viele mögen ihn einfach nicht. Warum? Nun, der alles sichtende Erspäher verborgener Hintergründe war ein Mann, dem man so leicht nichts vormachte: der also allen, die sich mit Vormachen beschäftigen, unsympathisch bleiben mußte, — und muß. Wer je schon vor dem von Lenbach gemalten Brustbild stand, das den fünfundvierzigjährigen Kritiker des Herzens den Beschauer ›einmal näher besehn‹ läßt, wird das ohne weiteres begreifen. Man hat, wenn man besinnlich Aug in Auge die Lebensnähe atmet, einige Mühe, den Blick Buschs auszuhalten, und alsbald überkommt einen das unbehagliche Gefühl, seine Weste ausziehn zu sollen, um nachzusehen, ob sie auch von innen sauber ist.

Gleich eingangs waren wir darauf gestoßen, daß dem Phänomen Busch nicht so ohne weiteres beizukommen ist. Mit einer Schneiderelle aber, so wollen wir abschließend feststellen, ist er nun gewiß nicht abzumessen. Lassen wir das letzte Wort in dieser Angelegenheit Egon Friedell, der in seiner Kulturgeschichte der Neuzeit meint, über ihn sei schwer etwas zu sagen: er sei die personifizierte Vollkommenheit, und man könne das eigentlich bloß konstatieren.

Gedichtanfänge

Ach, ich fühl es! Keine Tugend 82
Ach, wie geht's dem Heilgen Vater 27
Ach, wie vieles muß man rügen 68
Als er noch krause Locken 107
Als ich in Jugendtagen 140
Als Kind von angenehmen Zügen 99
Also hat es dir gefallen 159
Auf leichten Schwingen frei und flink 34
Aus der Mühle schaut der Müller 115

Da kommt mir eben so ein Freund 16
Das Bild des Mann's in nackter Jugendkraft 105
Daß der Kopf die Welt beherrsche 136
Der alte Förster Püsterich 96
Der Bauer sprach zu seinen Jungen 39
Der Teetopf war so wunderschön 103
Die erste alte Tante sprach 63
Die Liebe war nicht geringe 76
Die Mutter plagte ein Gedanke 112
Die Rose sprach zum Mägdelein 48
Die Selbstkritik hat viel für sich 14
Die Tante winkt, die Tante lacht 19
Die Tugend will nicht immer passen 83
Du fragtest mich früher nach mancherlei 94
Durch das Feld ging die Familie 104

Ein dicker Sack — den Bauer Bolte 33
Ein Dornstrauch stand im Wiesental 61
Ein Herr warf einem Bettelmann 51
Ein hübsches Pärchen ging einmal 64
Ein Künstler auf dem hohen Seil 100
Ein Mensch, der etwas auf sich hält 95
Ein Töpfchen stand im Dunkeln 32
Ein weißes Kätzchen voller Schliche 145
Er g'hört, als eines von den Lichtern 36
Er hatte, was sich nicht gehört 77

Er ist verliebt, laß ihn gewähren 138
Er kriegte Geld. Die Sorge wich 111
Ernst und dringend folgt mir eine 81
Er stellt sich vor sein Spiegelglas 49
Er war ein grundgescheiter Mann 98
Er war nicht unbegabt 122
Es flog einmal ein muntres Fliegel 26
Es geht ja leider nur soso 156
Es gibt ja leider Sachen und Geschichten 89
Es grünte allenthalben 44
Es hat einmal, so wird gesagt 126
Es ist ein recht beliebter Bau 137
Es kam ein Lump mir in die Quer 50
Es kamen mal zwei Knaben 128
Es saß ein Fuchs im Walde tief 43
Es saß in meiner Knabenzeit 25
Es sitzt ein Vogel auf dem Leim 41
Es sprach der Fritz zu dem Papa 29
Es stand vor eines Hauses Tor 42
Es wohnen die hohen Gedanken 132

Ferne Berge seh ich glühen 28
Frau Grete hat' ein braves Huhn 113
Fritz, der einmal wieder schrecklich träge 129
Früher, da ich unerfahren 31

Ganz richtig, diese Welt ist nichtig 143
Ganz unverhofft an einem Hügel 125
Geboren ward er ohne Wehen 114
Gehorchen wird jeder mit Genuß 56
Gerne wollt ihr Gutes gönnen 70
Geschäftig sind die Menschenkinder 160
Gestern war in meiner Mütze 30
Gott ja, was gibt es doch für Narren 110

Habt ihr denn wirklich keinen Schimmer 84
Halt dein Rößlein nur im Zügel 131
Haß, als minus und vergebens 161

Hoch verehr ich ohne Frage 86

Ich bin ein armer Schreiber nur 46
Ich kam in diese Welt herein 106
Ich meine doch, so sprach er mal 156
Ich saß vergnüglich bei dem Wein 147
Ich weiß noch, wie er in der Juppe 108
Ich wußte, sie ist in der Küchen 72
Ihr kennt ihn doch schon manches Jahr 87
Im Dorfe wohnt ein Vetter 116
Im Hochgebirg vor seiner Höhle 152
In der ersten Nacht des Maien 85
In einem Häuschen sozusagen — 142

Kennt der Kerl denn keine Gnade 53

Lache nicht, wenn mit den Jahren 78
Laß doch das ew'ge Fragen 60

Man ist ja von Natur kein Engel 150
Man wünschte sich herzlich gute Nacht 90
Mein Büdelein is noch so tlein 18
Mein Freund, an einem Sonntagmorgen 57
Mein Kind, es sind allhier die Dinge 13
Mein kleinster Fehler ist der Neid 66
Mein Sohn, hast du allhier auf Erden 124
Mich wurmt es, wenn ich nur dran denke 52

Nachbar Nickel ist verdrießlich 55
Nahmst du in diesem großen Haus 155
Nörgeln ist das Allerschlimmste 17

Papa, nicht wahr, im nächsten Jahr 20

Sahst du das wunderbare Bild von Brouwer 146
Schnell wachsende Keime 117
Schon recht, du willst als Philosoph 133
Schon viel zu lang 148
Sehr tadelnswert ist unser Tun 149

Sei ein braver Biedermann 15
Sie hat nichts und du desgleichen 73
Sie ist ein reizendes Geschöpfchen 62
Sie stritten sich beim Wein herum 38
Sie war ein Blümlein hübsch und fein 71
So ist's in alter Zeit gewesen 80
Spare deine guten Lehren 119
Stark in Glauben und Vertrauen 135
Stoffel hackte mit dem Beile 102
Suche nicht apart zu scheinen 120

Tugend will, man soll sie holen 79

Wärst du wirklich so ein rechter 154
Was die alte Mamsell Schmöle 65
Was er liebt, ist keinem fraglich 139
Was soll ich nur von eurer Liebe glauben 88
Wenn alles sitzen bliebe 92
Wenn andre klüger sind als wir 37
Wenn die Tante Adelheide 21
Wenn mir mal ein Malheur passiert 54
Wer andern gar zu wenig traut 121
Wer Bildung hat, der ist empört 151
Wer möchte diesen Erdenball 91
Wie dunkel ist der Lebenspfad 130
Wie ein Kranker, den das Fieber 157
Wie es scheint, ist die Moral 101
Willst du gelobt sein, so verzichte 93
Wonach du sehnlich ausgeschaut 109

Zwei Jungfern gibt es in Dorf und Stadt 144
Zwei Knaben, Fritz und Ferdinand 22
Zwei mal zwei gleich vier ist Wahrheit 134
Zur Arbeit ist kein Bub geschaffen 24

Der Insel Verlag dankt der *Wilhelm Busch Gesellschaft* in Hannover, insbesondere Herrn Dr. Bohne, für die freundliche Hilfe beim Beschaffen des Bildmaterials.

Insel taschenbücher
Alphabetisches Verzeichnis

Die Abenteuer Onkel Lubins 254
Aladin und die Wunderlampe 199
Ali Baba und die vierzig Räuber 163
Allerleirauh 115
Alte und neue Lieder 59
Alt-Kräuterbüchlein 456
Andersen: Märchen (3 Bände in Kassette) 133
Andersen: Märchen meines Lebens 356
Artmann: Christopher und Peregrin 488
Lou Andreas-Salomé: Lebensrückblick 54
Apulejus: Der goldene Esel 146
Arnim/Brentano: Des Knaben Wunderhorn 85
Arnold: Das Steuermännlein 105
Aus der Traumküche des Windsor McCay 193
Balzac: Beamte, Schulden, elegantes Leben 346
Balzac: Die Frau von dreißig Jahren 460
Balzac: Das Mädchen mit den Goldaugen 60
Baudelaire: Blumen des Bösen 120
Bayley: 77 Tiere und ein Ochse 451
Beaumarchais: Figaros Hochzeit 228
Beecher-Stowe: Onkel Toms Hütte 272
Beisner: Adreßbuch 294
Benjamin: Aussichten 256
Bédier: Der Roman von Tristan und Isolde 387
Berg: Leben und Werk im Bild 194
Bertuch: Bilder aus fremden Ländern 244
Bierbaum: Zäpfelkerns Abenteuer 243
Bierce: Mein Lieblingsmord 39
Bierce: Wörterbuch des Teufels 440
Bilibin: Märchen vom Herrlichen Falken 487
Bilibin: Wassilissa 451
Blake: Lieder der Unschuld 116
Die Blümchen des heiligen Franziskus 48
Boccaccio: Das Dekameron (2 Bände) 7/8
Böcklin: Leben und Werk 284

Borchers: Das Adventbuch 449
Bote: Eulenspiegel 336
Brandys: Walewska, Napoleons große Liebe 24
Brecht: Leben und Werk 406
Brentano: Fanferlieschen 341
Brentano: Gockel Hinkel Gackeleia 47
Brillat-Savarin: Physiologie des guten Geschmacks 423
Brontë: Die Sturmhöhe 141
Das Buch der Liebe 82
Das Buch vom Tee 412
Büchner: Der Hessische Landbote 51
Bürger: Münchhausen 207
Busch: Kritisch-Allzukritisches 52
Campe: Bilder Abeze 135
Carossa: Kindheit 295
Carossa: Leben und Werk 348
Carossa: Verwandlungen 296
Carroll: Alice hinter den Spiegeln 97
Carroll: Alice im Wunderland 42
Carroll: Briefe an kleine Mädchen 172
Caspari: Die Sommerreise 416
Cervantes: Don Quixote (3 Bände) 109
Chamisso: Peter Schlemihl 27
Chateaubriand: Das Leben des Abbé de Rancé 240
Chinesische Liebesgedichte 442
Claudius: Wandsbecker Bote 130
Cocteau: Colette 306
Cooper: Lederstrumpferzählungen (5 Bände) 179-183
Cooper: Talleyrand 397
Cortez: Die Eroberung Mexikos 393
Dante: Die Göttliche Komödie (2 Bände) 94
Das kalte Herz 330
Daudet: Briefe aus meiner Mühle 446
Daudet: Tartarin von Tarascon 84
Daumier: Macaire 249
Defoe: Robinson Crusoe 41
Denkspiele 76
Deutsche Heldensagen 345

Deutsche Volksbücher 380
Dickens: Oliver Twist 242
Dickens: Weihnachtserzählungen 358
Die großen Detektive I 101
Die großen Detektive II 368
Diderot: Die Nonne 31
Droste-Hülshoff: Die Judenbuche 399
Dumas: Der Graf von Monte Christo
(2 Bände) 266
Dumas: König Nußknacker 291
Eichendorff: Aus dem Leben eines
Taugenichts 202
Eichendorff: Gedichte 255
Eisherz und Edeljaspis 123
Die Erzählungen aus den Tausend-
undein Nächten (12 Bände in Kas-
sette) 224
Fabeln und Lieder der
Aufklärung 208
Der Familienschatz 34
Ein Fisch mit Namen Fasch 222
Fabre: Das offenbare Geheimnis 269
Flaubert: Bouvard und Pécuchet 373
Flaubert: Lehrjahre des Gefühls 276
Flaubert: Madame Bovary 167
Flaubert: Salammbô 342
Flaubert: Die Versuchung des heiligen
Antonius 432
Fontane: Der Stechlin 152
Fontane: Effi Briest 138
Fontane: Unwiederbringlich 286
le Fort. Leben und Werk im Bild 195
Caspar David Friedrich: Auge und
Landschaft 62
Gackenbach: Betti sei lieb 491
Gassers Köchel-Verzeichnis 96
Gasser: Kräutergarten 377
Gasser: Spaziergang durch Italiens
Küchen 391
Gasser: Tante Melanie 192
Gebete der Menschheit 238
Das Geburtstagsbuch 155
Gerstäcker: Die Flußpiraten des
Mississippi 435
Geschichten der Liebe aus 1001
Nächten 38
Gesta Romanorum 315
Goethe: Dichtung und Wahrheit
(3 Bände) 149-151
Goethe: Faust (1. Teil) 50
Goethe: Faust (2. Teil) 100

Goethe: Gedichte in zeitlicher Folge
(2 Bände) 350
Goethe: Hermann und Dorothea 225
Goethe: Italienische Reise 175
Goethe: Die Leiden des jungen
Werther 25
Goethe: Liebesgedichte 275
Goethe: Maximen und Reflexionen 200
Goethe: Novellen 425
Goethe: Reineke Fuchs 125
Goethe/Schiller: Briefwechsel
(2 Bände) 250
Goethes Schweizer Reise 375
Goethe: Tagebuch der italienischen
Reise 176
Goethe: Trostbüchlein 400
Goethe: Über die Deutschen 325
Goethe: Wahlverwandtschaften 1
Goethe: West-östlicher Divan 75
Gogh: Briefe 177
Gogol: Der Mantel 241
Grandville: Staats- und Familien-
leben der Tiere (2 Bände) 216/217
Greenaway: Butterblumengarten 384
Grimmelshausen: Courasche 211
Gundert: Marie Hesse 261
Hauff-Märchen (2 Bände) 216/217
Hawthorne: Der scharlachrote Buch-
stabe 436
Hebel: Bildergeschichte vom
Zundelfrieder 271
Hebel: Kalendergeschichten 17
Heine: Memoiren des Herren von
Schnabelewopski 189
Heine: Buch der Lieder 33
Heine: Shakespeares Mädchen 331
Helwig: Capri. Magische Insel 390
Heras: Am Anfang war das Huhn 185
Hesse: Dank an Goethe 129
Hesse: Geschichten aus dem Mittel-
alter 161
Hesse: Hermann Lauscher 206
Hesse: Kindheit des Zauberers 67
Hesse: Knulp 394
Hesse. Leben und Werk im Bild 36
Hesse: Meisterbuch 310
Hesse: Piktors Verwandlungen 122
Hesse: Schmetterlinge 385
Hesse/Schmögner: Die Stadt 236
Hesse/Weiss: Der verbannte Ehe-
mann 260

Hesse, Ninon: Der Teufel ist los 427
Hexenzauber 402
Hildesheimer: Waschbären 415
Hillmann: ABC-Geschichten 99
Hoban: Der Mausevater und sein Sohn 453
Hofer. Leben und Werk in Daten und Bildern 363
E.T.A. Hoffmann: Elixiere des Teufels 304
E.T.A. Hoffmann: Das Fräulein von Scuderi 410
E.T.A. Hoffmann: Kater Murr 168
E.T.A. Hoffmann: Prinzessin Brambilla 418
E.T.A. Hoffmann: Der unheimliche Gast 245
Hölderlin-Chronik 83
Hölderlin: Diotima 447
Hölderlin: Dokumente seines Lebens 221
Hölderlin: Hyperion 365
Hölderlins Diotima Susette Gontard 447
Homer: Ilias 153
Horváth. Leben und Werk 237
Ricarda Huch: Der Dreißigjährige Krieg (2 Bände) 22/23
Hugo: Notre-Dame von Paris 298
Ibsen: Nora 323
Indische Liebeslyrik 431
Jacobsen: Die Pest in Bergamo 265
Jacobsen: Niels Lyhne 44
Jan: Dschingis-Khan 461
Jan: Batu-Khan 462
Jan: Zum letzten Meer 463
Jerschow: Das Wunderpferdchen 490
Kant-Brevier 61
Kaschnitz: Courbet 327
Kaschnitz: Eisbären 4
Kasperletheater für Erwachsene 339
Kästner: Die Lerchenschule 57
Kästner: Die Stundentrommel vom heiligen Berg Athos 56
Kästner: Griechische Inseln 118
Kästner: Kreta 117
Kästner: Ölberge, Weinberge 55
Kästner. Leben und Werk 386
Keller: Der grüne Heinrich (2 Bände) 335

Keller: Züricher Novellen 201
Kerner: Bilderbuch aus meiner Knabenzeit 338
Kinderheimat 111
Kinder- und Hausmärchen gesammelt durch die Brüder Grimm (3 Bände) 112-114
Kin Ping Meh 253
Kleist: Die Marquise von O. 299
Kleist: Erzählungen 247
Kleist: Geschichte meiner Seele 281
Kleist. Leben und Werk 371
Kleist: Der zerbrochene Krug 171
Klingemann: Nachtwachen von Bonaventura 89
Klinger. Leben und Werk in Daten und Bildern 204
Knigge: Über den Umgang mit Menschen 273
Konfuzius: Materialien 87
Konfuzius und der Räuber Zhi 278
Kühn: Geisterhand 382
Laclos: Schlimme Liebschaften 12
Lamb: Shakespeare Novellen 268
Das große Lalula 91
Leopardi: Ausgewählte Werke 104
Lesage: Der hinkende Teufel 337
Leskow: Der Weg aus dem Dunkel 422
Lévi-Strauss: Weg der Masken 288
Liebe Mutter 230
Lieber Vater 231
Die Briefe der Lieselotte von der Pfalz 428
Lichtenberg: Aphorismen 165
Linné: Lappländische Reise 102
Lobel: Die Geschichte vom Jungen 312
Lobel: Maus im Suppentopf 383
Lobel: König Hahn 279
Löffler: Sneewittchen 489
London, Jack: Ruf der Wildnis 352
London, Jack: Die Goldschlucht 407
Longus: Daphnis und Chloe 136
Lorca: Die dramatischen Dichtungen 3
Der Löwe und die Maus 187
Majakowski: Werke I 16
Majakowski: Werke II 53
Majakowski: Werke III 79
Malory: König Artus (3 Bände) 239
Mandry: Katz und Maus 492

Marc Aurel: Wege zu sich selbst 190
Märchen der Romantik (2 Bde.) 285
Märchen deutscher Dichter 13
Maupassant: Bel-Ami 280
Maupassant: Das Haus Tellier 248
Maupassant: Pariser Abenteuer 106
Maupassant: Unser einsames Herz 357
Mäusegeschichten 173
McKee: Zwei Admirale 417
Meinhold: Bernsteinhexe 329
Melville: Moby Dick 233
Mercier: Mein Bild von Paris 374
Mérimée: Carmen 361
Merkprosa 283
Michelangelo: Zeichnungen und Dichtungen 147
Michelangelo. Leben und Werk 148
Minnesinger 88
Mirabeau: Der gelüftete Vorhang 32
Molière: Der Menschenfeind 401
Mordillo: Das Giraffenbuch 37
Mordillo: Das Giraffenbuch II 71
Mordillo: Träumereien 108
Morgenländische Erzählungen 409
Morgenstern: Alle Galgenlieder 6
Mörike: Alte unnennbare Tage 246
Mörike: Die Historie von der schönen Lau 72
Mörike: Maler Nolten 404
Mörike: Mozart auf der Reise nach Prag 376
Moritz: Anton Reiser 433
Moritz: Götterlehre 419
Moskau 467
Motte-Fouqué: Undine 311
Mozart: Briefe 128
Musäus: Rübezahl 73
Mutter Gans 28
Nestroy: Stich- und Schlagworte 270
Die Nibelungen 14
Nietzsche: Zarathustra 145
Nietzsche: Ecce Homo 290
Novalis. Dokumente seines Lebens 178
Okakura: Das Buch vom Tee 412
Orbeliani: Die Weisheit der Lüge 81
Orbis Pictus 9
Oskis Erfindungen 227
Ovid: Ars Amatoria 164
Das Papageienbuch 424
Paris 389
Pascal: Größe und Elend des Menschen 441
Paul: Der ewige Frühling 262
Paul: Des Luftschiffers Gianozzo Seebuch 144
Petronius: Satiricon 169
Petzet: Das Bildnis des Dichters. Rilke, Becker-Modersohn 198
Phaïcon I 69
Phaïcon II 154
Platon: Phaidon 379
Platon: Theaitet 289
Pocci: Kindereien 215
Poe: Grube und Pendel 362
Polaris III 134
Poesie-Album 414
Pöppig: In der Nähe des ewigen Schnees 166
Polnische Volkskunst 448
Potocki: Die Handschrift von Saragossa (2 Bände) 139
Praetorius: Hexen-, Zauber- und Spukgeschichten aus dem Blocksberg 402
Quincey: Der Mord als eine schöne Kunst betrachtet 258
Raabe: Die Chronik der Sperlingsgasse 370
Raabe: Gänse von Bützow 388
Rabelais: Gargantua und Pantagruel (2 Bände) 77
Rache des jungen Meh 353
Die Räuber vom Liang Schan Moor (2 Bände) 191
Reden und Gleichnisse des Tschuang Tse 205
Richter: Lebenserinnerungen 464
Rilke: Ausgesetzt auf den Bergen des Herzens 98
Rilke: Das Buch der Bilder 26
Rilke: Duinser Elegien/Sonette an Orpheus 80
Rilke: Die drei Liebenden 355
Rilke: Geschichten vom lieben Gott 43
Rilke: Späte Erzählungen 340
Rilke: Neue Gedichte 49
Rilke: Das Stunden-Buch 2

Rilke: Wladimir, der Wolkenmaler 68
Rilke. Leben und Werk im Bild 35
Rilke: Zwei Prager Geschichten 235
Robinson: Onkel Lubin 254
Römische Sagen 466
Rotterdam: Lob der Torheit 369
Rousseau: Königin Grille 332
Rousseau: Zehn Botanische Lehrbriefe für Frauenzimmer 366
Rumohr: Geist der Kochkunst 326
Runge. Leben und Werk im Bild 316
Der Sachsenspiegel 218
Sagen der Juden 420
Sand: Geschichte meines Lebens 313
Sappho: Liebeslieder 309
Schadewaldt: Sternsagen 234
Scheerbart: Rakkóx der Billionär 196
Schiller: Der Geisterseher 212
Schiller/Goethe: Briefwechsel (2 Bände) 250
Schiller: Leben und Werk 226
Schlote: Geschichte vom offenen Fenster 287
Schlote: Das Elefantenbuch 78
Schlote: Fenstergeschichten 103
Schmögner: Das Drachenbuch 10
Schmögner: Ein Gruß an Dich 232
Schmögner: Das unendliche Buch 40
Schneider. Leben und Werk 318
Schopenhauer: Aphorismen zur Lebensweisheit 223
Schumacher: Ein Gang durch den Grünen Heinrich 184
Schwab: Sagen des klassischen Altertums (3 Bände) 127
Scott: Im Auftrag des Königs 188
Sealsfield: Kajütenbuch 392
Sévigné: Briefe 395
Shakespeare: Hamlet 364
Shakespeare: Sonette 132
Shaw-Brevier 159
Sindbad der Seefahrer 90
Sonne, Mond und Sterne 170
Sophokles: Antigone 70
Sophokles: König Ödipus 15
Spyri: Heidi 351
Stendal: Die Kartause von Parma 307

Stendal: Rot und Schwarz 213
Stendal: Über die Liebe 124
Sternberger: Über Jugendstil 274
Sterne: Yoricks Reise 277
Stevenson: Die Schatzinsel 65
Stevenson: Entführt 321
Stifter: Bergkristall 438
Storm: Am Kamin 143
Storm: Der Schimmelreiter 305
Strindberg: Ein Puppenheim 282
Swift: Ein bescheidener Vorschlag 131
Swift: Gullivers Reisen 58
Tacitus: Germania 471
Taschenspielerkunst 424
Thackery: Das Buch der Snobs 372
Tillier: Mein Onkel Benjamin 219
Toepfer: Komische Bilderromane (2 Bände) 137
Tolstoj: Anna Karenina (2 Bde.) 308
Tolstoj: Der Überfall 367
Tolstoj: Die großen Erzählungen 18
Tolstoj: Kindheit, Knabenalter, Jünglingsjahre 203
Traum der roten Kammer 292
Traxler: Es war einmal ein Mann 454
Tschechow: Die Dame mit dem Hündchen 174
Tschechow: Der Fehltritt 396
Turgenjew: Erste Liebe 257
Turgenjew: Väter und Söhne 64
Der Turm der fegenden Wolken 162
Twain: Der gestohlene weiße Elefant 403
Twain: Huckleberry Finns Abenteuer 126
Twain: Leben auf dem Mississippi 252
Twain: Tom Sawyers Abenteuer 93
Urgroßmutters Kochbuch 457
Varvasovszky: Schneebärenbuch 381
Voltaire: Candide 11
Voltaire: Karl XII. 317
Voltaire. Leben und Werk 324
Voltaire: Sämtliche Romane und Erzählungen (2 Bände) 209/210
Voltaire: Zadig 121
Vom Essen und Trinken 293
Vulpius: Rinaldo Rinaldini 426
Wagner: Ausgewählte Schriften 66

Wagner. Leben und Werk 334
Wagner: Lohengrin 445
Wagner: Tannhäuser 378
Walser, Robert: Fritz Kochers Aufsätze 63
Walser, Robert. Leben und Werk 264
Walser, Robert: Liebesgeschichten 263
Das Weihnachtsbuch 46
Das Weihnachtsbuch der Lieder 157
Das Weihnachtsbuch für Kinder 156
Wie man lebt und denkt 333

Wilde: Die Erzählungen und Märchen 5
Wilde/Oski: Das Gespenst von Canterville 344
Wilde: Salome 107
Wilde: Leben und Werk 158
Wührl: Magische Spiegel 347
Der Zauberbrunnen 197
Zimmer: Yoga und Buddhismus 45
Zola: Nana 398
Zschokke: Hans Dampf in allen Gassen 443